话说内蒙古

巴彦淖尔

# 五原县

张志忠◎编著

内蒙古人民出版社

**图书在版编目 (CIP) 数据**

话说内蒙古·五原县 / 张志忠编著 .—呼和浩特：内蒙古人民出版社，2020.11
ISBN 978-7-204-15916-1

Ⅰ．①话… Ⅱ．①张… Ⅲ．①五原县－概况Ⅳ．①K922.6

中国版本图书馆CIP数据核字（2019）第058551号

**话 说 内 蒙 古 · 五 原 县**
HUASHUO NEIMENGGU WUYUANXIAN

**丛书策划** 吉日木图 郭 刚
**策划编辑** 田建群 张 钧 南 丁 王 瑶 贾大明
**本册编著** 张志忠
**责任编辑** 王 瑶
**责任监印** 王丽燕
**封面设计** 南 丁
**版式设计** 朝克泰
**丛书名题字** 马继武
**蒙古文题字** 哈斯毕力格
**出版发行** 内蒙古人民出版社
**地 址** 呼和浩特市新城区中山东路8号波士名人国际B座5楼
**网 址** http://www.impph.com
**印 刷** 内蒙古恩科赛美好印刷有限公司
**开 本** 710mm×1000mm 1/16
**印 张** 11.5
**字 数** 180千
**版 次** 2020年11月第1版
**印 次** 2020年11月第1次印刷
**印 数** 1—2000册
**书 号** ISBN 978-7-204-15916-1
**定 价** 46.00元

图书营销部联系电话：（0471）3946267 3946269
如发现印装质量问题，请与我社联系。联系电话：（0471）3946120 3946124

# 总序

内蒙古自治区是我国第一个省级少数民族自治地区。全区共划分为9个地级市、3个盟、2个计划单列市，下辖103个旗、县、市辖区，包括52个旗、17个县、11个盟（市）辖县级市、23个市辖区，首府呼和浩特市。

内蒙古东西直线距离约2400公里，南北跨度1700多公里，土地总面积118.3万平方公里。广袤的土地蕴含着丰富的自然资源：从东到西的森林、草原、沙漠等地形地貌，天然地形成了独特的旅游资源和动植物资源；丰富的煤、铅、锌、稀土、风力等矿产资源和清洁能源，为煤化工产业、有色金属产业、清洁能源产业的发展提供了支撑。内蒙古地跨“三北”（东北、华北、西北），毗邻八个省区，与俄罗斯、蒙古国接壤，国境线长达4200公里，有建成我国向北开放的重要桥头堡和充满活力的沿边经济带的天然区位优势。内蒙古依托于气候、优质土壤和草场、水源充足等优势，促进了农牧业的现代化发展。

这一方沃土，是北方少数民族生息和发展的中心地域，孕育了游牧文明、草原文化，在与农耕文化的不断碰撞中，相互融合，相互促进，共同谱写了中华文明的恢宏乐章。仰韶文化、红山文化是中华史前文化的一部分，战国时期赵武灵王着胡服、学骑射，两汉与匈奴交往、和亲，鲜卑建立了雄踞北方的北魏王朝，隋唐与突厥建立了宗藩关系，契丹民族建立了辽政权，蒙古民族创立了疆域广阔的大元王朝，明清与鞑靼、瓦剌等民族建立了藩属关系——历史上，北方少数民族或雄踞一方与中原交好，或入主中原建立政权，在不断风起云涌中铸就了内蒙古丰富、厚重的历史文化魂魄。进入近现代以后，内蒙古也走在抗敌御侮的前沿，为新中国的成立作出了巨大贡献。

这份丰厚的历史积淀当中，涌现了诸多杰出人物，他们或是一方霸主，统领一域；或是一代天骄，建万世之基；或是贤良能臣，辅助建国大业；或是时势英雄，救人民于水火；或是在各自领域内创造历史价值的名人雅士。这些人有耶律阿保机、成吉思汗、忽必烈、哲别、术赤、耶律楚材、乌兰夫、李裕智、尹湛纳希、玛拉沁夫、纳·赛音朝克图，等等。

物华天宝，人杰地灵。广袤的土地除了养育了一代代的草原人，也成就了它丰富的地域文化：马头琴音乐、呼麦、长调等民族音乐，好来宝、二人台、达斡尔族乌钦等曲艺，安代舞、顶碗舞等民族舞蹈，刺绣、剪纸、民族乐器制作、生活用具制作等传统工艺，蒙医药、正骨术等传统医药医术，婚丧嫁娶等礼仪习俗……在音乐舞蹈、民间艺术、文学史诗、传统医药、手工技艺、民俗风情等方面都取得了独有的成就。

悠久历史文化滋养下的内蒙古，在中国共产党的领导下，迈向新的历史征程。内蒙古自治区成立以来，党和国家一直重视内蒙古的发展，也给予各类政策和经济支持。内蒙古也不负众望，各项事业均取得了令人瞩目的成就：经济保持平稳增长，人民的生活水平不断提高；民主法治建设得到有效推动；建立了具有民族特色的教育体系，民族教育水平不断提高；民生改善工作成绩斐然；生态文明建设取得较大成就；四通八达的立体交通网，拉近了内蒙古与世界的距离……

纵观几千年历史，内蒙古在历史的长河中扮演了重要的角色，这不仅源于自然条件的得天独厚，也源于草原儿女的自立自强。虽然这片沃土上的民族大多以口耳相传的方式传承着自己的文化，但是仍有不少历史的碎片撒落在当地的史籍当中，这些史料汇集成册，将成为向世人介绍内蒙古的名片。为此，我们组织全区103个旗县（市辖区）的有关部门和专家学者，借助各地的丰富史料，把散见于各种资料中的人文历史、民俗文化、民间艺术、壮丽风光、当代风采、支柱产业等汇编在一起，编纂出一套能够展示内蒙古总体面貌、能够反映时代特色和文化大区风范的大型丛书——《话说内蒙古》，以展示我区经济发展、文化繁荣、民族团结、边疆安宁、生态文明、各族人民幸福生活的六大风景线。

一本书，一支笔，浓缩的仅仅是精华中的精华，不足以穷尽所有旗县（市辖区）的方方面面。若本书为你敞开一扇了解内蒙古之窗，那么，读万卷书不如行万里路，内蒙古将以最大的热情迎接你：

赛拜侬——

欢迎你到草原来！

# 序

五原县（以下简称“五原”），是一方历史文化底蕴深厚的土地，又是一方在时代发展中迸发生机的土地。这里的人民，传承着前人的朴实和勤劳，又洋溢着开拓创新的激情，在实现“两个一百年”奋斗目标的征程中，他们敞开胸怀，高歌猛进！

五原作为地名源于夏朝。相传4000多年前洪水泛滥，大禹采取疏导之法治理洪水，待水势减退，在高埠处现出若干个丘状原所，其中有五个原所较大，人们就在这五个原所上辟田、造屋、耕作、繁衍、生息，五原的称谓自此而始。

战国以前，五原地区是北方游牧民族繁衍生息的场所之一。商朝时期，包括五原在内的河套地区为鬼方辖域。西周时，五原地区是昆夷、荤粥、猃狁诸民族的游牧区。赵武灵王时期，置云中郡，九原（包括今五原）是云中郡的一个属县。自此，五原始有隶属。

战国末年，中原诸侯国互争雄长，连年交战，无暇顾及北方。占据阴山一带的匈奴乘机南下，占领了河南地。

秦统一六国后，为解除匈奴对秦王朝的威胁，于始皇三十二年（前215年）派蒙恬将兵三十万北击匈奴，经过两年的征战，收复了河南地，迫使匈奴向北退却七百余里。从此，“胡人不敢南下而牧马，士不敢弯弓而报怨”。为了加强边境防御，秦朝“因河为塞，筑三十四县城”，分天下为三十六郡，将九原县升为九原郡，郡址设在五原。秦朝还采取了修直道、筑长城等措施来巩固北疆。始皇三十七年（前210年），始皇驾崩，随后楚汉相争，中原大乱，匈奴趁机复越长城，渡河南下，占据阴山一带和河套地区。在冒顿单于的统治下，匈奴部落联盟更加强大，它东灭东胡，南并楼烦等部，北并丁零、坚昆，西击月氏，征服塔里木盆地西域诸国，雄踞在两汉王朝的北方，控制了整个蒙古高原。此时，包括五原在内的河套地区是匈奴的主要活动区域。

西汉时，汉武帝派卫青反击匈奴，元朔二年（前127年）收复了河南地。由于九原郡是匈奴南下的要冲，为加强防御，汉朝将九原郡一分为二，东部地区为五原郡，西部地区为朔方郡。五原郡领十六县，包括郡治九原、固陵、五原（此“五原”并非今五原，乃《水经注》所载九原县“西北接对一城，盖五原县之故城也”，即今包头孟家梁故城西郊哈德门故城）、临沃、文国、河阴、蒲泽、南舆、武都、宜梁、曼柏、成宜、稒阳、莫䵣、西安阳、河目。这些县大部分设置在河套地区东部。朔方郡治朔方县，领十县，即朔方、修都、临河、呼遒、渠搜、沃野、广牧、临戎、三封、窳浑。今五原属朔方郡临河县之东部地。

西汉末年，王莽覆灭后，匈奴支持卢芳称帝，占据了五原、朔方、云中、定襄、雁门五郡，建都于九原。由于长期交战，北方边陲萧条，靡有孑遗，“障塞破坏，亭隧灭绝”。

建武十六年（公元40年），东汉收复五原、朔方诸郡，复置郡州。建武二十六年（公元50年），南单于附汉，仍入居塞内，活动于阴山南麓河套一带，并在美稷县建南单于庭。东汉末年，汉王朝无力顾及边远地区，于建安二十年（215年）放弃了五原、朔方等沿边诸郡，将百姓迁到太原郡，置新兴郡以统辖之。河套一带复为匈奴族游牧地。

魏晋南北朝时期，活动在蒙古高原的北方游牧民族，大多进入长城以南，移居黄河流域。他们彼此争伐，包括五原在内的河套地区先后为匈奴、鲜卑、羯、氐、羌等部族辖领。东晋义熙三年（407年），铁弗匈奴刘武复入河套、陕西一带，建立夏国，后由赫连勃勃统领，建都统万城。此后，鲜卑拓跋部势力壮大，从东北大兴安岭南迁大泽，向西进入河套地区，最后统一了北方各部落，建立北魏王朝。北魏为了防御柔然的侵袭，在塞北一带建立了七个军事重镇，河套地区为沃野镇之辖境。北魏时，黄河南迁，故道改称乌加河。至此，始有后套之说。永熙三年（534年），北魏王朝分裂为东魏、西魏，五原属西魏辖境。北周时期，宇文氏置银、夏两州，并置永丰镇（今临河区境内），五原隶属之。

581年，隋文帝统一宇内，建立隋王朝。开皇三年（583年），废郡置州，五原属丰州。州初不领县，仍称永丰镇。至开皇五年（585年），废镇置永丰县。开皇六年（586年），又于州东南40里置丰安镇，五原隶属之。大业三年（607年），改州为郡，五原属五原郡（郡址在城南西土城故城），后因战乱，近边难守，未久即废。

唐初，突厥又复强盛，“控弦百万”，五原为突厥所据。贞观四年（630年），李靖、徐世勣分道北伐，逐突厥于瀚海之北。后唐朝将全国分为十道、二百九十三府州，五原属关内道丰州。唐中叶，沿边增设六都护府以治理边疆各少数民族。贞观二十一年（647年），在今内蒙古西部改设燕然都护府，辖狼山羁縻府州二十七处，河套地区属丰州都督府。永徽元年（650年），河套地区置永丰、九原两县，后又增置丰安县。武则天时期，突厥默啜可汗连年犯边。景龙二年（708年），张仁愿任朔方军大总管，夺取河南地，在黄河北岸修筑屯兵城堡（即东、中、西三座受降城），以绝突厥南进之路。迨至唐中叶之后，五原为西受降城辖境。唐末，党项族拓跋部（羌族的一支）趁宋辽连年交战之机，不断扩张势力，据有银、夏、绥、宥、静五州之地（今陕西西北部、宁夏东部及内蒙古河套地区、鄂尔多斯市、阿拉善盟境域），成为五代时期西北一大强国。1038年，李元昊称帝，建立大夏（又称“西夏”），定都兴庆府（今银川市），共传10世，历194年。五代及辽、宋、金、夏时期，五原皆为西夏属地。

自12世纪始，游牧在北方草原的蒙古族日趋强盛。1260年，成吉思汗的孙子忽必烈继汗位，于1271年正式定国号为元，定都燕京（今北京市）。元代实行行省制，省下设路，路下设州，五原属中书省大同路云内州西部地。

明代270多年间，蒙古各领主之间互争雄长。明初，河套地区为元将扩廓铁木儿（小字“王保保”）占领。洪武中期，王保保被逐，收其地。洪武末，置卫所，今巴彦淖尔市西部（包括五原在内）属宁夏卫辖境，隶陕西都司统领。明中叶以后，河套地区为元裔达延汗之子孙辖领。天顺、弘治时为蒙古族阿罗出、毛里孩、满都护等相互攻占之地。成化四年（1468年），乩加思兰杀阿罗出，并其众属，与满都护结合居河套。未几，火筛部复入河套地区，号称鄂尔多斯，属察哈尔部。河套东部为俺答汗（阿拉坦汗）之部，名曰土默特。隆庆五年（1571年），俺答议和，明朝封其为顺义王，万历中始改其所居库库和屯为归化城。明末，河套内外悉为蒙古之游牧地。

1644年，满族入关，建立清王朝。清太宗于天聪六年（1632年）征服土默特部，历崇德、顺治至康熙三年（1664年），清政府以戈壁为界，将塞北蒙疆先后划分为内外蒙古牧地，其中内蒙古置25部、6盟、50旗，五原属鄂尔多斯部伊克昭盟左翼后旗（亦称“达拉特旗”）、右翼后旗（亦称“杭锦旗”）地各一部。雍正、乾隆年间，置道设厅。雍正六年（1728年），设归绥道。乾隆六年（1741年），设萨拉齐协理通判。乾隆二十五年（1760年），因塞外人口增多，垦荒日繁，遂于口外设七厅（后增为十二厅），改萨拉齐为理事通判厅，五原属萨拉齐厅西部地。从此，实行旗不管汉、厅不管蒙，蒙汉分治、旗县并存的特殊建制。同治四年（1865年），改设同知，光绪十年（1884年）又改抚民同知厅。光绪二十九年（1903年），析萨拉齐厅西部地区设五原厅，治大佘太，后移治于隆兴长（今隆兴昌镇）。

1912年，改五原厅为五原县，1914年建县城于白圪梁。1919年，析乌拉特前旗地一部别隶固阳。1925年，又划出五原东西各一部，设安北、临河两县。1942年，绥西实行新县制，将五原、临河、安北三县分为六县，其中在五原西部地增设晏江县（1954年改称“达拉特后旗”）。

1958年7月，撤销达拉特后旗，辖区复并五原县辖领。

从1949年到1979年的30年间，在中国共产党领导下翻身做主的五原人民，发扬自力更生、艰苦奋斗的精神，在实现共同富裕的道路上进行了艰苦的探索。党的十一届三中全会全面总结了新中国成立以来的经验和教训，提出了解放思想、团结一致向前看的发展思路。从这个时候起，五原和全国一道，进入了一个全新的发展时期。改革开放40多年来，五原的城乡面貌、人均收入变化显著，现在已进入综合实力提升最快、城乡面貌变化最大、人民群众受益最多的时期。尤其是近年来，五原坚持新发展理念，经济社会实现了巨大跨越，人民生活得到极大改善，人居环境变化显著，百姓的幸福感、获得感不断提升。

在五原城区，县委、县政府突出民生主题，建设公园、广场等群众休闲健身娱乐场所17座，城区人均公园面积达到15.8%，城区绿化率达到42.7%，森林覆盖率提高到15.5%，企业退休人员养老金实现连年增长，基本养老、医疗保险实现全覆盖，城镇居民人均可支配收入达到15000元……

在农村，五原首创了通道宽林带和农防林宽垄道绿化，同时，向村屯、沟渠和重点区域进军，开展了史无前例的人工造林大会战，使一个绿化落后县跻身于自治区绿化先进旗县的行列。

作为农业大县，五原推进绿色发展的思路十分清晰：争当全区绿色农畜产品生产加工输出基地的排头兵，争当河套农耕文化乡村旅游的排头兵。近几年，五原坚持大破大立，推进土地整治项目：230万亩农田实施了配套工程建设；850家注册合作经济组织带动3.2万户农户，土地流转面积达到58万亩；先后建成了葵博园、羊博园、菜博园、万亩肉羊养殖园、河套农耕文化博览苑等十大特色园区；五原黄柿子、灯笼红香瓜、小麦和鲫鱼通过了国家农业部地理标志认证，五原葵花地理标志证明商标注册成功……

五原，承载着历史的厚重；五原，也迸发出发展的生机。《话说内蒙古·五原县》的出版则向世界打开了了解五原、走进五原的通道。

五原，将张开双臂迎接八方宾客；五原，是你投资兴业的宝地，也是你领略北疆田园风光、品尝河套美食、融入大自然的天堂！

# 目录 Contents

## 村落故事

## 古郡风采

## 历代诗词

# 千古记忆

HUASHUONEIMENGGUwuyuanxian

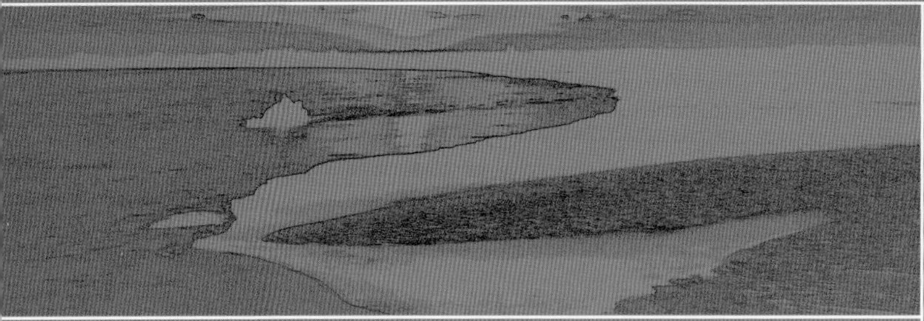

# 千古记忆

QIANGUJIYI

五原县有2400余年的文明史。在这片地广原平、水草丰美的土地上，有戍边屯垦的足迹，有汉匈交往的佳话，有近代开渠农耕的壮举，有北伐誓师的春雷，也有硝烟弥漫的抗日烽火。

## 天赐沃土大后套

河套平原地处黄河上游末端，北以阴山山脉的狼山、乌拉山为界，西起乌兰布和沙漠边缘，东抵乌拉山西端，南为黄河自西向东穿境而过。平原东西长约200公里，南北宽约60公里，总面积1.5万平方公里，呈扇形，是古老的灌区，也是当今我国最大的灌区之一。境内地势平坦，土壤肥沃，素有“黄河百害，唯富一套”之称。

《河套图考》记载：河以套名，主形胜也。河流自西而东，至灵州西界之横城折而北谓之出套；北折而东，东复折而南至府谷之黄（皇）甫川入内地，迂回二千

黄河落日

余里，环抱河以南之地，故名曰河套。依地理位置分，银川市为“西套”，巴彦淖尔市所辖之河套俗称“后套”，土默川一带为“东套”，三套合称为“千里河套”。现在所指的河套范围更小了，仅限于磴口县巴彦高勒镇到西山咀的后套平原，东西长约200公里，南北宽约60公里。

河套平原的形成，与古老的黄河密切相关。早在西汉时期，河套平原上的黄河从今补隆淖的西北处分为南北两支，南河是支流，北河是主流。几千年来，南河与北河均发生了明显变化，但较大的变化还是近300年内的事。据《水经注》记载，古黄河的主流在磴口县之南（今河道之西），一直保持向北流的河叫北河，向东流的叫南河。北去的主流受狼山的阻挡，转向东流，经昆都仑河向南流与南河汇合。由于新构造运动，台梁以东，菅家营子至三居圪卜一带地势抬高，南河不能东去，在乌梁素海地区形成一个大转弯转向南流，同时又因狼山洪积物向南扩张及沙漠东侵导致河床抬高，致使北河被泥沙淤断，黄河主流被迫南迁，从南河向东流，成就今日的黄河。

河套平原的农业开发与对水资源的利用是同步进行的。大规模的开发是在清道光之后，至光绪末年水利建设初具规模，形成八大干渠，民国时期进一步修整和扩大，增至十大干渠，河套平原成为著名的灌区。

五原县（以下简称“五原”）地处黄河“几”字弯的顶端，正是河套平原腹地。光绪二十九年（1903年），清政府析萨拉齐厅西部地区设五原厅。1912年，改五原厅为五原县，归绥远特别行政区管辖。1919年，析乌拉特前旗地别隶固阳。1925年，又划出五原东西各1部，置安北、临河2个设治局（后改为县）。1926年，冯玉祥率西北军在五原誓师，响应北伐。1940年初，侵华日军攻入绥西地区，在五原盘踞近2个月。同年3月下旬，傅作义发动五原战役，一举收复失地，取得五原大捷。1942年6月，绥西实行新县制，将五原、临河、安北3县划分为6县，析五原西部地增设晏江县（1954年改称“达拉特后旗”），治塔尔湖镇。1958年，撤销达拉特后旗，所辖区域复并五原辖领。

五原的辖区，自清光绪二十九年（1903年）置厅后几经变更。现今的五原东西长82公里，南北宽55公里，总面积2544平方公里。

## 水草丰美生息地

早在殷商之前，中原地区的汉族先民就和五原地区的荤粥部族互有往来。到了西周时期，这里已经是一个多民族共同生息繁衍的区域。

新石器时代双孔石镰

新石器时代双耳彩陶罐

战国时期马首青铜短剑

“荤粥”，是我国古代北方的一个民族，与山戎、猃狁等一样“随畜牧而转移”，过的是逐水草而居的游牧生活。这些民族有语言而无文字，他们善于骑射，使用的武器有弓箭、戈、刀、矛、镞、剑、戟、鞭、锤、棍、棒等。这些武器及其他生产生活工具，大多用青铜和铁等金属制成。他们的食物主要是肉和奶类，也有鱼或飞禽，穿的是用兽皮做成的衣服。

据记载，夏代桀这个君主十分无道，商汤把他放逐到一个偏僻的地方。三年后，桀死了，他的儿子荤粥把桀众多的妾收为己有，逃到北方，过着游牧生活，内地人称他们为“匈奴”。诸多史家考证，认为“荤粥”就是“獯鬻”，也就是匈奴。所以说，从夏商时代起五原地区就是汉族和北方游牧民族共同生息繁衍的地方。

新石器时代几何纹单耳彩陶壶

## 汉匈逐鹿起烽烟

前307年，赵武灵王命其部属“胡服骑射”，还灭了中山、林胡、楼烦，向西进入高阙，也就是现在的河套地区。前302年，赵武

汉代青铜昭明镜

灵王又命吏大夫的奴隶北迁五原，命将军、大夫、嫡子、代吏均穿紧身、轻便的胡服移民实边。前265年，匈奴趁中原诸侯争霸之机，占据了包括河南地在内的阴山南北一带。后来，赵孝成王派大将李牧打败了十余万匈奴骑兵。

汉代葫芦形灰陶罐

秦统一六国的同时，匈奴势力不断壮大，经常侵扰阴山南麓的河套地区。前215年，秦朝大将蒙恬率三十万大军与匈奴开战，一举收复了河套及黄河以南地区。秦朝为加强对这里的管辖，在沿黄河一带设置了44个县，由九原郡统领，郡址设在五原。之后，又迁罪犯及其家属到北河、榆中一带垦殖。

秦朝灭亡后，在楚汉相争的同时，匈奴又大举南下。西汉政权稳固之后，汉高祖刘邦亲自率领三十万大军迎战匈奴，结果陷入匈奴骑兵的重围之中，受困七天后才侥幸脱身。当时在汉军中流行一首歌：“平城之下祸甚苦，七日不食，不能弯弓弩。”平城之战后，西汉改变了武力争夺的政策，与匈奴弃战谋和。

## 胡汉和亲识见高

汉宣帝在位时，汉朝强盛起来。那时候，匈奴贵族之间争夺权力，内部分裂，分立为五个单于。

其中呼韩邪单于与众臣商量，决心跟汉朝和睦相处，并亲自带领部下来朝见汉宣帝。汉宣帝像招待贵宾一样招待他，亲自到长安郊外迎接他，为他举行盛大宴会。

呼韩邪单于在长安住了一个多月回到了漠南，发现匈奴缺少粮食。汉政府得知后，又给匈奴送了三万四千斛粮食。呼韩邪单于十分感激，一心与汉朝交好。西域各国听到匈奴与汉朝交好了，也都争先恐后地同汉朝打交道。前33年，呼韩邪单于再次来到长安，要求同汉朝和亲。汉元帝同意了。这个和亲之人便是王嫱，即王昭君。自此以后，匈奴和汉朝和睦相处，有六十多年没有发生战争。

1963年，董必武同志参观呼和浩特市昭君墓时，赋诗一首："昭君自有千秋在，胡汉和亲识见高。辞客各抒胸臆懑，舞文弄墨总徒劳。"

## 移民屯垦固边关

汉景帝时，大臣晁错总结了战国、秦汉以来对匈政策，分析了汉匈双方的优劣、力量对比及变化，他认为单纯的军事防御或和亲政策都不是长久之计。从长远考虑，他认为应"徙民实边"，亦兵亦农，亦耕亦战，把建设边疆与军事行动结合起来，才能确保边疆的安宁与稳定。

到汉武帝时，西汉国力空前强盛，而匈奴也进入一个强盛的时期。元朔二年（前127年），汉武帝派卫青出兵云中至高阙击匈奴，收复河南地，而后设置朔方郡、五原郡。

元朔四年（前119年），汉武帝又派卫青、霍去病分两路北击匈奴，一直追至漠北。

太初三年（前102年），汉武帝派光禄大夫徐自为出五原数百里筑城障列亭，并移民十余万到河套居住、垦荒，在西起乌兰布和沙漠、东到乌梁素海的范围内进行大规模的农业开发。

此后，匈奴再无能力与西汉抗衡。尤其是"胡汉和亲"后，汉与匈奴和睦相处，经济文化交流得

汉代乳丁纹青铜镜

汉代半椭圆形模印纹灰陶灶

到发展。也正是从这个时候起，河套地区以移民实边为形式的农业开发进入鼎盛时期。河套地区土地肥沃，宜于耕种，又居于与匈奴抗争的前沿，所以既有重要的战略地位，又是重要的粮食生产基地。

2009年，内蒙古文物考古工作者在五原塔尔湖镇五份桥村发现一座汉代古城遗址。古城东墙高约2米；南墙已坍塌，成为一条高出地面近80厘米的田间路基。古城内，到处散落着质地细腻、花纹精美的汉代陶片，当地村民此前也发现过玉器、铜戈、箭头以及汉代、宋代的钱币。在古城的北边还有一个分布着300余座墓葬的汉代墓葬群。

## 谋生离乡“走西口”

“哥哥你走西口，妹妹我实在难留，紧紧抓住哥哥的手，泪水不住地往下流……”

一曲荡气回肠的民歌《走西口》，把我们带回到始于清初终于民国，历经数百年的宏大而悲壮的“走西口”移民史。

山西右玉县的杀虎口自古便是军事要地。明蒙议和后，杀虎口作为通贡之途，仅限于物资交换。进入清代，入蒙禁令逐渐松弛，加之内地人口增多，人多地少，尤其是自然灾害频繁，百姓不得不逃荒寻找谋生之路，由内地奔赴塞外（包括五原）谋生的人日渐增多，由此形成了我国近代史上大规模的人口迁移现象——“走西口”。

走西口一般是自发性行为。他们大多数是因为灾荒活不下去才被迫走出去的。“河曲保德州，十年九不收。男人走口外，女人挖野菜……”种种言词都形象地反映了当时人们艰难的生活状态。一直到清末民初，走西口的脚步依旧没有停歇。新中国成立后，人民生活逐步改善，“走西口”现象才渐渐消失。

## 响应北伐举义旗

1925年，冯玉祥被段祺瑞政府委任为西北边防督办，同年又兼任甘肃督办。冯有时驻张家口，有时驻包头，有时驻归绥，督导察绥以至甘宁各省军政事宜。1926年，国民军向奉晋军阀应战，又受直鲁军攻击，形势甚为不利，冯玉祥不得已于当年初宣告辞职，并于是年3月出访苏联。

1926年秋，北伐战争肇始，冯玉祥闻讯，认为革命道路已经开辟，革命的时机已经到来，遂在苏联国际友人的启发和中国共产党人的直接帮助下，回国响应北伐。实际上，冯玉祥就是为寻求政治上的出路而到苏联考察的。在苏联考察的这几个月中，他了解了苏联革命成功的原因，也受到国内革命形势的影响，思想认识发生了极大改变，决心参加中国国民革命运动。

8月中旬，冯玉祥在苏联接到石敬亭的电报，得知国民军南口战事失利、西撤绥甘的情况。他认为形势刻不容缓，在取得苏联方面的援助后，同以乌斯马诺夫为首的顾问团及中共党员刘伯坚等人于8月12日离开莫斯科回国。9月3日，一行人到达库伦，见到了石敬亭、张秋白、张树声等人，询知国民军西撤情况，表示再度与国民政府取得联系，于9月10日就道继续南返。

9月15日晚，冯玉祥到达五原。16日，冯玉祥见到了方振武、徐永昌、方富魁、赵守玉等部下，并给他们介绍国内外的革命形势。他说：在几个月之前，我是没有办法才走的，现在是有了办法回来的。我已是军事委员会委员，国民

冯玉祥五原誓师

军联军今后将正式接受国民党的领导，在国民政府的统一指挥下，开展中国国民革命的工作。他还说，一定要重新改造我们的部队，军队要政治化、要民众化，要和全国老百姓携起手来，打倒帝国主义，打倒军阀，与南方的北伐大军联合一致，完成革命事业。

是日下午即召开首脑会议。出席会议的有于右任、刘伯坚、孙岳、方振武、徐永昌、石敬亭、李兴中、邓哲熙、过之瀚、张允荣、何其巩等，还邀请了乌斯马诺夫总顾问列席。彼此介绍之后，会议讨论了国民军的重组问题，决定组建国民军联军，由冯玉祥出任总司令，即日誓师出兵参加北伐。晚上开会时讨论了由刘伯坚主张的国民军联军宣言，并决定次日举行誓师大会。

17日下午二时，誓师大会开始。冯玉祥向近万官兵报告了国内外革命形势及重组国民军联军的意义和任务，随即宣誓就职。誓师大会上，还举行了易旗仪式，将五色旗更换为青天白日旗。冯玉祥宣布出师北伐，国民军全体将士加入中国国民党，并郑重向全国发出誓师宣言。

五原誓师后，冯玉祥率部出击甘、宁、陕。同年11月，解西安之围。1927年3月，出潼关入河南。同年10月击败直鲁联军，11月再次击败直鲁联军，为北伐战争的胜利做出了贡献。

## 开渠治水富河套

说到河套地区的开渠治水，离不开王同春。王同春，字浚川，乳名进财，原籍河北邢台石门村。生于咸丰元年（1851年），卒于1925年。

王同春兄弟三人，他排行老三。王同春的族人，多擅长黑皮工手艺。其族叔王成，精于此术，后因家境贫困，西走河套。王成在河套开设黑皮坊，制作车马用具，惯与蒙人交易，获利颇丰。王同春12岁时因家境困难而随其父来到河套投奔王成。他跟王成学习黑皮工手艺，但他对这种营生并不感兴趣。当时磴口附近已开始小规模开渠，引黄河水浇地，年幼的王同春对开渠很感兴趣，故14岁时便当起了小渠工。

次年，王同春听说宁夏黄渠桥水利工程开工，就前往参加筑坝。受黄渠桥工程的启发，他遍历河套，详察地形，发现河套地形西南高东北低，认为：如从黄河北岸开口引黄河水向东北灌溉，则无须再用桔槔提灌；用不完的河水，还可以退入河套东北的乌梁素海排入前河，无积涝之忧，遂慨然萌发要以毕生精力开拓河套水利之信念。

参与开挖通济渠。同治十二年（1873年），短鞭子河淤塞，渠口进水受阻，万德元商号邀万泰公商号、郭大义、王同春合四股，出资重新疏浚。王同春没有资本，就以工资与技术为股份，负责具体施工。在施工过程中，王同春主张废弃旧河口，另从黄河岸边挖“迎水”新渠口，接通下游，并把下游渠道劈宽挖深，利用水力冲刷拉通，保持一定坡度，使其水势畅顺，得利灌溉。他的意见得到了股东们的认可，一致同意由他选择渠口，勘定渠身，确定渠道深度。此渠开挖到板头圪堵，是一条长30里、宽6尺、深6尺的新渠，因为是四家合股开挖，故命名为“四大股渠”。后来，“四大股渠”成为郭家的私渠，便又被称为“老郭渠”。“四大股渠”建成后，耕者皆获其利。

开挖义和渠。光绪八年（1882年），王同春疏浚挖通哈拉格尔河、张老居壕、奔巴图河三个天然壕沟，时人称之为“烂大渠”。光绪十二年（1886年），他又在烂大渠的基础上继续延伸，开挖了一条小渠，命名为“义和渠”。

光绪十五年（1889年），王同春又重修义和渠。渠的正身经苗家圪旦，初挖至西牛犋，长30里。光绪十九年（1893年），又自同兴德挖至隆兴长，长20里，劈隆兴长大街为东西两面，经老赵圪堵、同兴泉、

王同春勘察水利

邓金坝、银瑞桥、范家油坊通入乌加河。光绪二十二年（1896年），又自银瑞桥起顺乌加河东南开挖，至此干渠全长115里。至光绪二十八年（1902年），王同春用近20年时间，完成了义和渠的全部开凿，其支渠达45条，灌域面积2200余顷。全渠建有4座大桥，即同兴德桥、隆兴长大桥、西牛犋桥和银瑞桥。

义和渠穿隆兴长大街而过，其上建有隆兴长大桥，由河路运出货物的船只均以此桥为装卸码头。义和渠的挖通，给隆兴长带来了繁荣。每日桥上车马行人络绎不绝，桥下船只穿梭云集，街上的商号铺面日见增多，买卖红红火火。隆兴长不仅成为河套地区商贾云集、买卖繁荣的水旱码头和货物集散中心，而且人口剧增，商业昌盛，开设了不少粮、油、皮、毛加工作坊，成为河套地区的一大重镇。随后，清政府在此设置了五原厅。

开挖沙河渠。光绪十七年（1891年），王同春在开挖义和渠的同时，因调停达拉特王府内讧成功，租得王府隆兴长以西的土地。后因有地无水，遂组织一万灾民，以工代赈，开挖河渠。第一期工程自马场地的义德成开口，沿十大股入哈拉格尔河，经柴生地挖至郝进桥。光绪十九年（1893年），自郝进桥经鸭子图到一苗树，挖至补红。光绪二十一年（1895年），自补红经梅令庙、马面换圪旦、济荣堂通入乌加河，是为正梢。光绪二十二年（1896年），又从补红向东开挖，沿后补红、同义德通入乌加河，是为东梢。该河渠总长80余里，耗银10万余两，被命名为“永和渠”，也称“王同春渠”，后因渠口布满沙丘而改称“沙河渠”。

河套平原开渠图

整修丰济渠。光绪二十五年（1899年），王同春开挖丰济渠。该渠自黄芥壕开口，第一期工程经马场地挖至天吉泰桥，长20多里。后又同韩铖、王在林自天吉泰北挖至忙盖图，长20多里；继与官二自忙盖图北挖至五份子，长10多里；最后将旧协成渠劈宽，向北开挖正梢，通入乌加河。全渠前后施工长达8年之久，渠长约90里，工程耗资23万两。开通后，初名“中和渠”，后改为“丰济渠”。渠上建有三座大桥：天吉泰桥、五分子桥、协成桥。

疏导开挖灶河渠。1917年，王同春开挖灶河渠。他利用灶河自然壕沟，从杨三淖尔河头开口，沿三合公、正义、和瑞、场迫、陈圪旦东，于1918年挖入乌加河，全长130里，初名“农务工渠”，后仍沿用“灶河”旧名，改称“灶河渠”。

此外，王同春在河套地区还先后浚修了刚济渠和永济渠，重修了杨家河渠，开挖了三公渠，协助规划了长胜渠，根治了塔布渠。

王同春在河套的60年间，独立开挖了刚济、丰济、灶河、沙河、义和5条大干渠，开挖了270多条支渠，总长度达4000多里，与别人合挖了3条大干渠，在五原的历史上留下了光辉的一页。

## 隆兴长名扬大后套

五原之有商业，远无考据。

明代隆庆年间，明政府采取“贡马互市”的策略，结束了明朝与蒙古长达两百余年紧张局面，实现了空前的民族友好，河套地区也出现了相对安定的局面。“贡马互市”是蒙汉民族在商定的场所，以“以物易物”的形式进行商品交易。交易时，多以牲畜、畜产品换取粮食、茶、布、糖等日常用品。在互市中，官方以为皇家挑选良马为主，因此称“贡马互市”。五原地区互市的场所，多选择距蒙古族驻地较近的沿阴山一带，如大佘太、乌镇、隆兴长、锦绣堂等地，故有“要买东西上隆兴长，要买好马到锦绣堂”之说。这种商贸形式，受战事的影响时开时罢，直至明末清初罢市。此为五原地区的商业雏形。

清中叶以后，河套人口渐繁。清康雍时期，私垦弛禁，佃农渐多，他们由归绥至包头，由包头又至后套，锄耕所及三五成村。至此，后套人口大增，商业随之日渐繁茂。当时归化城（今呼和浩特市）和包头的大盛魁、复字号、祥太隆都是清初就成立的大商号，而五原最早的商号是万和长。万和长的前身是成立于康熙年间的包头大商号万和久。当时后套地区水土肥沃、牲畜兴旺，为了扩大经营，万和久商号于康熙年间从包头分出部分人伙，来五原任二明圪旦（今属乌拉特中旗德岭山镇）开设万和长商号。那时的后套还是一片浩瀚的大草原，商家多是做蒙地生意的，所以也被称为“旅蒙商”。之后，万和长的商号日渐增多，至清末民初商业初具规模，乌兰脑包（简称“乌镇”，原属五原，今属乌拉特中旗）则发展成为后套地区的商业集散地。与此同时，属萨拉齐厅辖领的大佘太（今属乌拉特前旗）也已商贾云集，发展成为旅蒙商业之盛地。

清同治四年（1865年），郭向荣见后套地区水丰土美，走西口来套者日渐增多，村落遍布，而商家甚少，随即在哈拉噶尔河东岸开设隆兴长商号（后易为地名），买卖盛极一时。1912年，五原建县。当时五原县衙设在旧城（即今旧城村），但一切附属行政机构及学校均设在隆兴长，所以当时的隆兴长已成为五原的政治、经济、文化中心。当时，县城中心义和渠桥东西两岸有十数家商业店铺，经营布匹及日用杂货。农村皆由驴驮、推车、挑担的“货郎子”转乡转村摇鼓叫卖烟、糖、火柴、针头线脑等日用品。比较大的商号多集中在大佘太和乌镇。1921年前，为乌镇商业发展的鼎盛时期，当时有同

边陲重镇——隆兴长

郭向荣及其账房先生（五原县博物馆隆兴长展厅）

心公、天瑞德、广生西、同义恒、德丰号、义和长、和义成、兴隆茂等十八家大字号，资本都很雄厚。如广生西除做蒙地生意外，还经营土地数十顷，有牛、羊、骆驼数千头，有店员伙计一百多人，有诸多作坊加工油、酒、米、面，广销茶、布、烟、糖，一次可向蒙地出房子（经营过程中搭建的帐篷）几十顶，经营范围远可达库伦（今乌兰巴托市）。仅1924年，广生西即盈利白银十几万两。据粗略统计，1913～1920年，乌镇商业资产达一千万两白银。

乌镇商号多数是做蒙地生意，每年春季出房子到蒙地，其交易场所基本选在代庆公召庙内。交易时先公议价格，蒙民卖的主要是马匹（那时一匹马折价白银十两左右），商号卖油、酒、米、面、茶、布、烟、糖。交易成功后，商家先赶走马匹，冬季时蒙民再来驮取货物。有时蒙民还驮来皮张、绒毛、木材、蘑菇等进行交易。

1923年，苏联在“外蒙古”边界设卡，入境须持“护照”，并缴纳税金。商人过境一匹马要交白银四两，一张皮子交白银一两。蒙民出境有往来时限，还须缴纳出境费银币六元。1925年，苏联在“外蒙古”成立公司发展商业，与乌镇的贸易往来逐渐减少，乌镇的商业便日渐衰落了。

1926年，国民军修筑了包宁公路，畅通了后套的商路，且黄河水运比较便利，隆兴长的商业便如雨后春笋般发展起来。1929年后，绥远平市官钱局、山西丰业银号、仁发公银号相继开业，发放信贷，通汇绥省内外。1932年，阎锡山令王靖国屯垦河套，剿除匪患，兴修水利，开荒垦殖。于次年又开办屯垦合作信用部，发行纸币“合作流通券”，对发展五原的农牧业生产与工商业起到了一定的作用。这时隆兴长的工商业又繁盛起来，新旧城人口发展到一万余人，城内工商业户发展到五百余家：有绸缎棉布、五金百杂、烟酒茶糖、酿皮糕点、软硬山货、中西药房、皮行毛店、粮油加工、糖粉作坊，有饭馆、熟食小吃、旅馆、澡堂、理发馆、照相馆、钟表馆、印刷厂，有红炉铸造、铁木二行、画工裱糊、麻绳口袋、生熟皮张、毛毡地毯、笼箩柳编、银炉、造纸等行业，还有戏园等，可谓麻雀虽小，五脏俱全。

五原盛产牲畜、皮毛、粮食。1937年前，天津做出口生意的常年驻五原收购猪鬃、肠衣，并就地进行粗加工出口外运。包头粮行，如义德成、复兴和、通和店也常年派人驻五原收购粮食、油料（胡麻）。此外，五原的小茴香、黑瓜子也远销外省。

五原是农业区，消费者主要是农民。民国年间，工农产品比价失调，“谷贱伤农”，有时农民卖一石糜谷，只能买一匹土布（仅能做一身单衣），一斤羊毛只能买一包火柴，一车柴火只能卖几角钱，还要受差役、租税的双层盘剥。1929年，固阳一带遭遇荒旱，颗粒无收，贫苦农民四处逃荒，逃来后套者甚多。而粮商与大户相互勾结，乘机囤积，垄断市面，抬高粮价，每斗糜米竟售价五银圆。有的甚至趁火打劫，致使难民卖儿鬻女，妻离子散，其境甚惨。贫困农民每到春天青黄不接之时，被迫出卖“树梢粮”，即把商人的钱和布折成粮食，秋后加倍还账。还有的商家派出干练的伙计分赴各城门“拉黑牛”，即见了老实的农民进城，便花言巧语、强拉硬拽地兜揽生意，还以次充好、缺斤短两、漫天要价，农民上当受骗者众多。但多数商号能安分守己，惨淡经营，有一套经营管理的本领与艰苦创业的精神。

1937年抗日战争全面爆发后，平津弃守，绥远、包头相继沦陷，大军云集五原城乡。次年秋，傅作义部相继由山西转战入套。那时五原地区有骑七师门炳岳部、挺进军马占山部以及名目繁多的游杂部队，大多军需粮饷无着，于是他们公开抢掠，再加上物价上涨、纸币贬值，致使五原商业深受其害。

1940年初，日寇大举进犯河套，五原二度失守，敌人烧杀抢掠，商号多遭浩劫，元气大伤。加之日寇飞机出没无常，日军大肆骚扰，投弹轰炸，五原的店铺白天紧闭，仅夜间开门营业苟且维持。日寇攻入县城之后，商号、居民已逃亡大半，商家损失殆尽。五原光复后，唯恐日寇再度入侵，多数商家转入农业或其他行业。时绥远省政府在陕坝（今属杭锦后旗）设有公营企业贸易公司、供销合作社、资源部、毛纺厂等，还有来自陕、甘、宁等地的客商，常年驻地设庄营业，日用百货源源不断运进，陕坝逐渐成为后套的商业中心。

五原战役后，绥远省政府撤销平市官钱局，成立绥远省银行，发行新钞，回收旧钞。为振兴商业，省行放宽信贷，商人从银行办理代收贷款，着利购销，五原商业又日渐复兴。

1945年8月15日，日本宣布无条件投降。喜讯传来，全县人民激奋若狂。但经受八年抗战的工商界不得不面对物价一落千丈的局面，无负债的尚可，有负债的大都沦于破产，如振德商店。1946年，国民党破坏和平，挑起全面内战。反动当局为了摆脱其即将崩溃的经济困境，将其嫁祸于民而滥发纸币，致使通货膨胀日甚一日。随后又巧立名目、横征暴敛、敲诈勒索，致使商路闭塞、市场萧条，迨至1949年新中国成立前夕，国民党的法币和金圆券已成废纸，隆兴长的工商业者也处于风雨飘摇之中，倒闭关门及停业者十之七八。

1949年“九一九”绥远省和平解放后，五原私营工商业者才摆脱了反动统治的桎梏。是年10月，旧商会、工会合并成立了五原工商者联合会，在党的发展城乡工商业政策的扶植下，工商业又得到了迅速恢复和发展。

## 屯垦队后套大开发

### 绥区屯垦队的建立与各团队

绥区屯垦队是由阎锡山创建并直接领导的。1931年，绥远省主席傅作义、七十师师长王靖国、绥远垦务总办石华岩、七十二师师长李生达，在晋绥绥靖主任阎锡山的指导下，共同组建了绥远垦务委员会。1932年，各师各拨1个连组成初期绥区屯垦队，隶属于绥远垦殖联合办事处。1932年8月5日，在包头成立“绥区屯垦督办公署”，垦殖联合办事处随即撤销。绥区屯垦督办公署，是绥区屯垦队的总领导机构，督办是阎锡山，会办是王靖国、傅作义、张萌梧，坐办是石华岩，实际负责的会办是王靖国。督办公署设文书、技术两科，总务处设庶务、经理两科，垦务处设农、林两科。

1932年9月5日，在五原设立驻五原办事处（以下简称“五原办事处”），处长是周健吾（周离职后，继任处长是郭维藩），副处长是吴象山。五原办事处设庶务股、文书股、经理股、农作股、交际股等。办事的职员多为大学毕业生，如张立范、吴象山、李纪、李子义等。

在后套屯垦的部队是王靖国四〇九团、四一〇团和傅作义部四一九团以及四〇七团4个团，还包括在辖区祥太裕（旧狼山县址）驻扎的军官第一队、第二队和在五原马双寨圪旦驻扎的军官第三队。他们组成一支化兵为农、开垦边疆的生产部队，在绥区屯垦督办公署和五原办事处的领导下，于1932年开入后套。

1934年，整个垦区划为四个区，每区根据连队单位的多少建立新乡。第一区占元乡，驻守部队是四一九团三营七连，此地位于五原西南30里，原地名是同兴堂。第二区负暄乡是四〇九团一营营部驻地，此地位于五原西40里，原地名是新公中。驻守折桂乡的是四〇九团二营四、五、六连，原地名是板头圪旦。驻守觉民乡的是四〇九团三营，此地位于五原西南30里，原地名是任保圪旦。驻守子原乡的是四〇九团三营七连，此地位于五原西北15里，原地名是三柜圪旦。驻守乐善乡的是四〇九团三营九连，

屯垦队营房

屯垦队士兵训练

此地位于五原西20里，原地名是刘福全圪旦。驻守第三区良忱乡的是四一〇团一营一、二、三连，此地位于五原西70里，原地名是葫芦素兔村。驻守宪智乡的是四一〇团三营八连，此地位于五原西140里，原地名是祥太裕村。驻守广盛乡的是四一〇团二营五连，此地位于临河西南20里，原地名是八岱村。驻守寿轩乡的是四一〇团三营六连，此地位于陕坝西南35里，原地名是苏台庙村。驻守贵生乡的是四一〇团二营四连，此地位于临河四区二道桥西南10里，原地名是那直亥村。驻守通三乡的是屯垦第六队，此地位于陕坝东北10里，原地名是公产地。驻守第四区的是四〇七团二营，原地名为同兴东。

以上各垦区的乡名是以营部连部所在地的营连长名字命名的新乡名，原地名都撤销了。

垦区各团营连的垦地由绥区屯垦督办公署丈拨，由五原县垦务第五分局和临河县垦务第六分局发照，每团暂以1200顷为度，后来各连队又经营起垦区附近的二荒地（开而复荒的土地）。各连队都有足够的土地，有的连队还把富余的土地租给附近农民。

百川堡距五原县城120里，原地名是祥太魁（系商号），也是整个后套垦区的中心。百川堡于1936年新建城垣一座，内有砖瓦房近百间，城垣四周及马路两旁遍植杨柳树。这里环境幽雅，交通便利，是阎锡山来河套视察时的住所。

屯垦队秋季收获

**绥区屯垦合作总社**

1936年春，王靖国在五原南门里路西建立了资金雄厚、建筑规模宏大的绥区屯垦合作总社。该社资金主要由阎锡山拨给，极少数是由垦区各团营连官佐士兵认股。这个合作总社不但直接领导各团营连消费合作社，而且兼营五原各大商号的消费、信用、供给、运销等业务。当时五原的大商号如义盛昌、协记号、福义隆、信德恒等以及县城内的小商小贩，都向合作总社借款或承销百货。

合作总社的经营范围很广，粮食、皮毛、药材、油脂、甲青（屯垦队向阎锡山呈交鸦片烟土时以“甲青”字样封箱装运，以避免外人注意）等，都在收购之列。为了充实资金扩大经营，合作总社发行了合作流通券纸币两种（一元、五角），使得百货大量运销京、津、沪以及其他各大商埠。当时，合作流通券盛极一时，城市乡村、行商旅客，都十分信任地使用。它毫不逊色于绥远平市官钱局的钞票，因而合作总社的经济力量空前强大起来，形成垄断地位。

**农事试验场及农事训练所**

1933年，五原办事处在冯玉祥旧营盘成立了农事试验场，延聘留学国外或在京、津大学专研农业的毕业生，从事农、林、牧业的试验和改良推广工作。首任场长是南灵虚。一年后，五原办事处农作科科长（技正）张立范继任场长。当时，试验场从山西引进了大批树种和苗木，如洋槐、中槐、臭椿、松、柏、杏、李等；还引进了各国优良农作物品种，如德国狼豆、苏联大玉豌豆、日本燕麦和黑砂糖豆，还有我国山西无芒小麦、河北牛尾谷子等；引进了各国优良畜种，如英国种马、荷兰乳牛、巴西种猪、西班牙来格红鸡、法国家兔、美利奴羊等。另外还从山西引入一批新式农具，如双柄牛犁、单柄牛犁、中耕机、圆盘耙、钉齿耙、人力水车、畜力水车等。试验场分为作物部、苗圃部、畜牧部、蔬菜部、花卉部、加工厂。场部中心有大礼堂、教室、办公室、展览室、宿舍、储藏室、警卫室等。

五原办事处为了加强垦区农、林、牧业的指导工作和科学技术的推广工作，于1933年在农事试验场附设了一个农事训练所，其目的在于为垦区各连队培养技术人员，以提高垦区农、林、牧业的生产水平。农事训练所所长由场长张立范兼任。学员由各连队选派，一般为具有高小文化水平的军士。首期学员有50名，受训期限为2年，学习制度为半耕半读，实行理论和实践相结合的授课方法。由于各队没有重视这个培训，第一期选送受训的学员水平参差不齐，甚至有一部分是连队的老油腻、捣蛋鬼。一些学员在受训期间不但不遵守纪律制度，而且大多数不能领会学习内容，因而达不到培训的目的，最终只能提前毕业，这期的培训工作也就提前结束了。

1935年春，五原办事处经过多次的研究讨论，一致认为培养基层技术人员大有必要。为了适应各连队农业生产的实际需要，五原办事

五原农事训练所课堂

处认真总结了第一期培训失败的原因，又呈请代督办王靖国兹准，继续开办训练所。这一期学员的选送要求很高，文化程度需达到高小及以上。学员的来源，三分之一由垦区连队选派，三分之二由绥区屯垦督办公署与五原办事处在包头、五原两地招考录取。学员名额仍定为50个，学习期限仍为2年，学习制度仍然是半耕半读。课程有国语、数学、作物泛论、林业、园艺、养鸡、养兔、养牛、养马等，基本与绥远省农科职业学校的课程相同。

训练所设军事队长一人（刘毅宏），生活上实行军事化管理，每人每年发灰棉衣一套，灰单衣一套，棉、夹鞋各一双，每月津贴为六元三角，相当于垦区连队上等兵的薪饷。

1936年，第二期学员本应毕业，但由于学员的学习热情很高，均请求延长一年继续深造。王靖国予以批准。故而本期培训于1937年冬结束，学员被分配到各连队从事农业指导工作。

农事试验场与农事训练所的设立，对发展后套地区农、林、牧业有不小的贡献。农作物方面，燕麦、无芒小麦试验成功；林业方面，松、柏、槐、杏树安全过冬；家畜方面，美利奴羊和后套羊的杂交繁殖、荷兰牛和后套牛的杂交繁

五原农事试验场试验田

五原农事试验场引进的树木

殖、巴西猪和后套猪的杂交繁殖，都取得优良的技术成果。各种新式农具得到推广应用，如新式牛犁在深耕方面、钉齿耙在疏松土壤方面，都取得了显著的应用效果。其他如张立范亲手试验的冬麦、寄籽小麦（春麦冬播）都获得了成功。这些成果对后套地区农、林、牧业的科学管理和推广繁殖优良品种起到了示范作用，粗放的耕作习惯逐渐变为精耕细作的生产方式。

## 后套屯垦队的开发与建设

后套屯垦队的土地来源主要是五原县、临河县的二荒地和荒地以及阎锡山没收的匪首王英在五原新公中等处的土地。屯垦队的生产经费是由绥区屯垦督办公署核拨的，此项经费完全用于兴修水利、工程建设、购买耕畜、制作农具、修建房屋等，各团营连队分三年还清。

垦区各连队规划驻地范围后就开始搞基建工作，如修建各营连的围堡、营房、畜舍、米面加工厂及连队之间的公路、桥梁等。1933年，除个别连队尚在进行基建工作外，垦区已全部开始了农业生产。

各连队的耕畜都是在当地购买的，农具有从山西太原市运来的新式牛犁（双柄八寸牛犁、单柄五寸牛犁、中耕机等）等。农作物品种除了当地的小麦、糜子、豌豆、谷子、扁豆等类外，还推广了苏联的大玉豌豆和山西的宿麦，并普遍种植了苜蓿，还改良了牲畜饲草。

在畜牧业方面，各连都有自己的牛群、羊群、马群、猪群。各营合作社除了办理供给、消费、信用等业务外，还扩大副业经营范围，如烧酒、榨油、制粉、制糖、米面加工等。各营合作社不但为全营官兵服务，较好的合作社如负暄乡合作社还同周围几十里的农民进行产品交易，互通有无。因此，合作社的业务蒸蒸日上，垦区官兵的生产和生活也都有了显著的变化。

垦区各连队对于林业也非常重视。各连队都建立了苗圃、林场，连队与连队的公路两旁都栽种了杨、柳、榆等行道树，造林的进度和发展都有明确的规定，护林工作有专人负责，凡此种种对后套地区的造林发展起到了积极作用。

### 兴修陕五公路

后套的公路原来只有一条，是1926年冯玉祥在五原誓师前兴修的，它东起包头，西至宁夏。1935年，王靖国派四三〇团兴修五原至陕坝的新干线（俗称“陕五北路”），沿途架设了200余座大小桥梁，极大地便利了五原至陕坝的交通运输，也沟通了后套的陆路运输，繁荣了后套的经济。

### 兴修水利

当时，五原义和渠口年年淤沉，严重影响生产，南牛犋和锦秀堂一带尤为严重。因此五原办事处于1933年开挖了川惠和华惠两道干渠，后来还在折桂乡一带新建了一座拦水大坝，灌溉折桂乡土地。

以上三大工程都是五原办事处单独兴修且按期完成的，至于小型的支渠工程和每年春季洗渠、加背、做闸等岁修工程则年年都有。

### 匪患绝迹，人心安定

20世纪30年代，后套地区土匪遍地，窃盗丛生，棒子队横行。1932年，屯垦队驻扎后，进行了认真清剿和严加追缉，消灭了大股土匪，致使棒子队不再出没，就连窃盗案件数量也大幅减少。当时后套各地布满了屯垦队官兵，致使匪徒贼犯无法存身，所以当时后套趋于安定，商贾行走再无顾虑。

## 移民五原救灾民

1928年，国民党四十七师师长段绳武，面对驻防地张家口哀鸿遍野、民不聊生的凄惨景象，萌发了移民垦殖的想法。从此，他结束了戎马倥偬的军旅生涯，开始了移民救贫的事业。

为了积累资金，段绳武于1920年夏到包头创办电灯面粉公司，又从蒙古王爷手中购买数十亩荒地，聘请朝鲜人试种水稻。在此期间，他到后套地区进行考察，了解基本情况。

段绳武和夫人王庚尧

1933年，冀鲁豫三省黄河溃决成灾，特别是濮阳、东明、长垣三县灾情严重。段绳武得知后，急返河北故里，联合热心公益的社会名流，组建了河北移民协会。至当年冬，移出灾民30户，安置在包头南海子。这些灾民因不习惯口外生活，多数又返回原籍或流落他乡。

1934年，段绳武亲赴灾区各县动员灾民到塞外垦荒。他跟灾民说：后套土地肥沃，灌溉方便，宜于耕种，只要勤劳吃苦，就能过上温饱生活。经过动员，长垣、濮阳、东明移民320人，被安置在包头南海子。

1935年，他又从黄泛区移来灾民457人，安置在萨拉齐和包头郊区。同年5月，他又把第四批长垣、濮阳两县灾民331人安置到五原西20公里处的新公中和曹柜。在安排好移民生活的同时，他还组织生产，如组织青壮年挖渠道、开荒种地，组织妇女和儿童掏艿箕。当年播种大秋作物数十顷，获得好收成，解决了灾民们的温饱问题。当灾区人民得知这一消息后，又有不少人陆续迁来。

1933至1937年，共移民330余户1100余人。随后，包头南海子附近建立了“河北第一新村”，五原县新公中和曹柜也建了南、北、中三个移民新村。这三个新村分别是明轩新村（今新公中镇光胜村五组）、仰之新村（今新公中镇光胜村三组）、幼青村（今新公中镇光胜村一、二组）。明轩村是为纪念当时华北政务委员会副委员长宋哲元（字明轩）而命名的，仰子村是为纪念当时河北省政府主席冯志安（字仰之）而命名的，幼青村是为纪念当时河北省民政厅厅长张吉墉（字幼青）而命名的。

移民新村统一修建房屋，门前各留一小块菜地，还办了子弟小学。新村四周修筑了土围墙，四角修了炮台，村里还建了仓库、碾磨坊、油坊，各类设施一应俱全。绥远省主席傅作义对移民救贫大力支

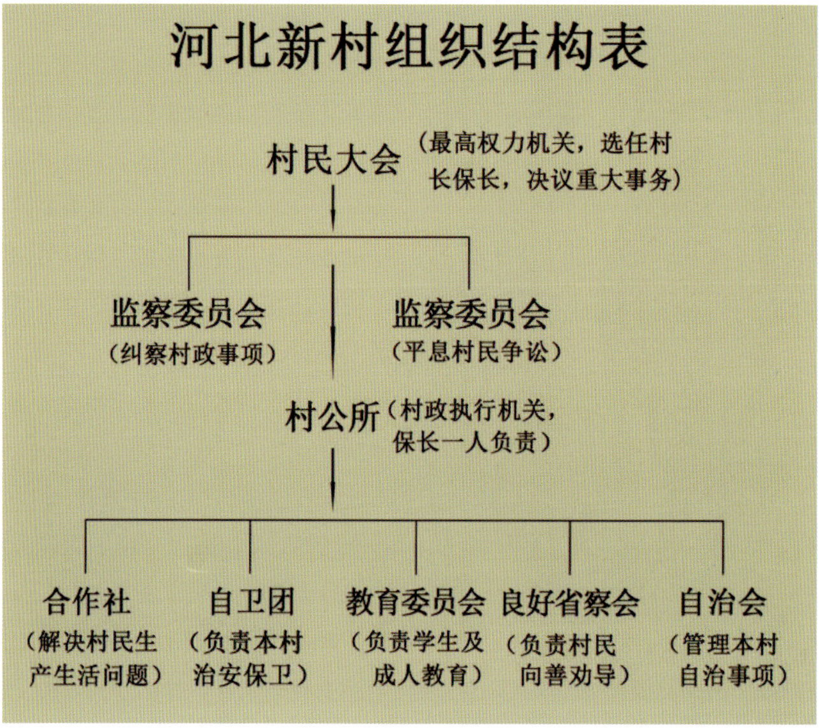


河北新村组织结构表

新村村民收获白菜

段绳武在新村小学进行爱国主义教育

持，提出开荒种地三年内免征捐税的政策，还拨给100支步枪、50箱手榴弹。段绳武又募资2万多银圆购买了700多顷土地，分给三个移民村的村民。

段绳武看到移民新村的男青年找不到对象，就两次与北平救济院院长安锡嘏商洽，从救济院中选了20多位女青年，男女双方通过互看照片喜结良缘。

抗日战争全面爆发后，段绳武南下重庆参加抗战。1940年9月13日，因积劳成疾，段绳武不幸与世长辞，享年不足45岁。他逝世后，冯玉祥为他题写了墓碑，西南联大杨钟健教授赋诗《哭绳武》："中原尚自遍胡尘，竟先挥泪哭哲人。放刀东南怀旧事，移民西北交新村。三军鞠劳伤兵友，十省奔波报国心。大江东去蜀山暗，忠魂应统遍嘉陵。"

## 五原抗日壮国威

震惊中外的五原战役，是傅作义指挥的一场重创日本侵略者、鼓舞全国人民抗战士气的重大战役，在抗日战争的史册上留下了光辉的一页。

七七事变后，以蒋介石为代表的国民党，惧怕中国共产党和全国人民日益高涨的抗日救国的正义行动，暂时放弃了攘外必先安内的方针，被迫承认国共合作共同抗战的政治纲领及广大爱国者抗日救国的合法主张，出现了全民抗战的局面。实质上，蒋介石抗日的被动性和妥协性并没有改变。当时，日寇侵华的策略是军事进攻和政治诱降双管齐下。在占领东三省之后，日寇建立了“满洲国”，又在华北建立了“冀东自治政府”，实行以华制华的侵略策略。日寇占领南京后，汪精卫公开卖国投敌，成立伪南京国民政府，而蒋介石为获取向日本侵略者讨价还价的筹码，向全国各战区下达“冬季攻势”的命令，其目的是让居于前线的八路军、新四军和非蒋嫡系的地方杂牌军与日伪军在战争中消耗实力。傅作义在“冬季攻势”中向包头进攻，就是这样一次军事行动，结果引出了日军的反击——绥西战役。日军入侵河套地区，国民党军节节败退，致使几十万河套人民蒙受日寇的蹂躏和屠杀，引起了坚持抗战的中国共产党和全国人民的愤怒。这时，傅作义接受了我党的忠告，收拾残局，重整旗鼓，开回河套，决心抗战，从而发动了重创日寇的“五原战役”。

日寇占领五原后，为确保包头安全，仅在五原留下不足一个联队的正规军，加上宪兵队、特务队、汽车队、守备队以及伪绥西联军，共约一万六千人。其主力部队驻隆兴长；宪兵队、特务队、汽车队大部分驻城内义和渠以东；伪蒙军和地方武装，除一部驻在旧城等地外，其余分驻新公中、郝进桥、蛮克素、南牛犋、梅令庙、广盛西等处，还在财主圪旦、乌加河沿岸、万和长附近的乌拉壕上架设了桥梁（可保障包头快速向五原增援）。此外，日寇利用汉奸建立伪政权，维持地方秩序，并加强所谓的“宣抚工作”。

五原战役从亚马赖会议开始。亚马赖是一个小村落，位于天吉泰和五份桥之间。绥西战役结束后，

五原城门旧照

傅作义将指挥部从什纳格尔庙移驻到这里。为研讨攻取五原的策略，傅作义在这里召集了团以上干部会议。这次会议研究了具体的作战方案，并决定在一个月内反攻五原。

亚马赖会议后，全军士气振奋。各部队以反攻五原为目标，积极开展技术练兵，进行夜战、巷战、爆破、防空等训练和演习，还同时展开后勤保障储备。政工干部会同动委会人员，深入各村宣传动员群众，组织群众帮助侦察敌情，运送弹药粮秣，并开展抬运伤员的演练活动。为强化部队的战斗力，将各作战单位降低一级。

3月初，傅作义找董其武、孙兰峰、袁庆荣到指挥部研讨作战方案，最后确定采取掏心攻城、分兵阻援的战术。

当日夜，攻克五原的战斗打响了。突击队巧妙捕捉到有用情报，杀死守城门的士兵，占领了城门，随即冲进城内，袭击预定目标。日寇被突如其来炮火声惊醒，只得仓促应战，有的未及穿衣就被炸死，有的刚出来就被消灭。如是激战半夜，日寇司令部、学校、粮食仓库、弹药库、屯垦合作社、谭统领公馆、直鲁豫公馆、耶稣堂、天主堂九大据点被傅军占领。东方发亮时，日军飞机低空盘旋，因傅军没有扯下太阳旗而使日军分不清敌友，结果日军把炸弹投向了前来增援的伪军守备队。义和渠以东的日伪军至此已大部被消灭，其余的逃至五原的屯垦办事处和平市官钱局两个据点。傅军进行了五六次的攻击，都未能拿下这两个据点。21日午后，新三十一师和突击队会师，在炮兵的协助下，于22日下午将这两个据点的日寇消灭。至此，傅军攻克了五原城。

在攻城战役打响的同时，傅军包围了日伪军各据点，群众也放开了丰济、灶火、沙河、义和、通济五大干渠之水，淹没了公路，拆毁

收复五原后傅部官兵巡查五原城墙

五原战役中傅部官兵向敌寇发起冲锋

了桥梁，使日军的坦克、汽车寸步难行。同时，在日军增援部队到达

乌不浪口一带时，乌兰脑包村村民薄根长、戴一礼、范七等人在傅军的掩护下果断掘开了乌拉壕大堤，使乌加河到四义堂一带变成一片汪洋，致使日军的增援部队无法靠近，还使其损失了大量枪炮弹药，受到了重大伤亡。城内战斗打响之后，攻克旧城及外围各据点的战斗也开始了。到21日午后，坚守西关（五原旧城西城墙的一个驻军关口）和郝头圪旦两个据点的日伪军全部被歼灭。骑七师于21日夜攻占了新公中，李国栋部于20日夜击溃了郝进桥、蛮克素守敌。

在傅军占领县城和日伪据点、追击逃散之敌时，打击日寇增援的战斗也开始了。由于傅军所选攻击时机正值冰解河开之时，南有黄河，北有乌加河，东有乌梁素海，西有丰济渠，敌人无法涉水过河，而且河套地区的耕地春无灌水，土地又翻浆，致使人马深陷其中不能自拔。溃退的日伪军，除极少部分伪蒙军从西山咀退水渠逃窜外，大部被击毙俘虏。

五原战役共歼灭日伪军5000余人，俘虏1800余人，缴获了大批武器弹药。在整个五原战役期间，中共五原地下党组织通过动委会发动群众，宣传抗日，组织群众参加支前，运送伤员和弹药，形成了齐心上阵、同仇敌忾的局面。群众中也涌现了很多英勇杀敌、救护伤员的感人故事，如大二老虎杀敌、刘大宽勇救宋海潮、郭亮疤送鬼子回“东洋”、尹满家喜用放羊铲擒获逃跑鬼子、小脚妇女抬担架等。

民国年间黄河水运景观

### 黄河水运在后套

古黄河曾有南河、北河之分，南河即今黄河，流经巴彦淖尔市境340公里；北河即今乌加河（总排干），长260.2公里，昔为黄河水运的主要航道。

后燕建兴元年（386年），慕容垂派其子至五原造舟收谷。北魏太平真君七年（446年），太武帝派刁雍运谷五十万斛到沃野镇。明万历三十二年（1604年），河套地区的黄河水路运盐二亿八千八百万斤，可见当时航运量之大。清圣祖曾两度巡幸宁夏，乘船而返。一次从横城到湖滩河朔（约在今包头市）。另一次幸游宁夏后乘船沿

黄河顺流而下至白塔（今磴口县境内），沿阴山前乌加河经沃野镇（今乌拉特前旗苏独仑乡根子厂）返京。乾隆五十二年（1787年），吉兰太盐业开禁后，每年有五百只船，载盐一千四百万斤，沿黄河自平罗至磴口，随后转运山西，水运较前更有发展。

从以上记载可以看出，后套的水运发展是较早的，而且规模由小到大。

至民国初年，后套航道增加，通航里程达600公里，规模比之前更大，使后套一度出现过"舟楫林立千艘"的繁荣局面。主要通航渠道有：

（1）乌拉河：原系天然河流，水势甚大，船可通至乌加河，渠长66公里，可通航40公里。

（2）杨家河：渠长70公里，可通航45公里。

（3）黄济渠（缠金河）：渠长80公里，可通航40公里。

（4）丰济渠（协成渠）：1915年进行了劈宽挖深，渠长48公里，可通航35公里。

（5）义长渠：清光绪六年（1880年）开挖，渠长53公里，可通航30公里。

（6）通济渠：光绪十年（1884年）修挖，1938年进行了劈宽挖深，渠长55公里，可通航30公里。

（7）长济渠（长胜渠）：1922年重新整修并进行了改造，渠长50公里，可通航25公里。

（8）塔布渠：1928年重新修整，进行了劈宽挖深，渠长61公里，可通航35公里。

（9）乌加河：原系天然河流，为黄河故道。1925年，绥远道设厅，鉴于水患严重对其进行了整修。河长55公里，可通航35公里。

（10）退水渠：民国初年开挖，此渠是三湖河退往黄河水的渠道，长25公里，可通航10公里。

民国年间的义和渠桥

（11）沈家河：渠道长12公里，可通航2.5公里。

这些渠道的修建是为了后套农田的灌溉，后来经过整修，使河口上游可以通航，遂成为后套境内的主要航道，下游由于渠窄水浅船不能通过而不能通航。

黄河流经后套段的渡口有19个。较大的渡口有三盛公渡口、马七渡口、三湖河渡口、四柜渡口、义和园渡口，主要码头有磴口码头（岸西属阿拉善旗境）。五原义和渠距黄河35公里，抗日战争时期商旅繁增，成为后套东部重要渡口。通航季节，船只可达百艘。

民国初年，后套水运的主要工具有七站船、畜帮船、盐碱船、小王站船、头号皮筏、木筏等。下水的大部分是重船，顺水而行，遇有浅水期需船工下船拉纤。上水的轻重船都需船工拉纤才能前进。据统计，1925年，由青海、甘肃来后套装运皮毛、药材等货物的船筏就有300多只。1935年前，后套私营船业有船1000余只，是后套水运发展的昌盛时期。抗战胜利后，后套水运出现了一度的繁荣，船只有所增加，就连傅作义部的“兵站部”木船队也发展了水运业务。1948年，傅作义“兵站部”木船队改为“北方船业运输公司”，经营粮运及西北水运。1949年，绥远省和平解放，北方船业运输公司船只全数移交给绥远省水利局。这一时期是后套水运的发展时期。虽然都是私营运输，但船只数量颇为可观，后因时代的局限，科学技术落后，人们对黄河水运没有作长远规划，致使水运日渐萧条。

1950年，河套黄河水运组织在陕坝成立了船业工会，当时拥有大小船只240余只，往来于宁夏、包头间。1952年，绥远成立航运管理局，陕坝成立了航运管理站，还颁布了航运管理办法和规章制度。1954年，经进一步的整顿，大船发展到246只，小船发展到62只，大船可装货30吨左右，小船可装货10吨左右。船业在新中国成立初期的基础上又有了发展。1950年，水利部根据河套农业灌溉的需要，在黄济渠口修建了解放闸。黄济渠从黄河引流，经黄羊木头解放闸，至陕坝园子渠，全长60公里。这条渠道是新中国成立前陕坝粮煤、日杂百货输入输出的主要航道，年吞吐量达3万吨。解放闸的修建因没有很好地考虑水运，致使船运不畅，大船航行到此时需停船将货物倒入小船才能运上岸，既费时又费力。1954年，船工们创造了直接过闸门的办法，不仅可通过空船，还可以通过重船。1955年，开闸105天，通过上水船134次，下水船1316次，平均每天24.6次，最多时一天达55次，过闸货物达43599吨。1957年，河套航运办事处船只最多时达379只，编为4个船社、78个船队，其中进步社87只/2473吨，胜利社65只/2096.5吨，农业社211只/6182吨，另有私营16只/483吨，完成货运量18741822吨公里。1958年，河套航运办事处搬迁至三盛公。同年包兰铁路全线通车，大部分货物转为铁路运输，河套水运出现了有船无货运的局面，到1958年底，河套航运办事处仅有船164只，自治区政府遂下文通知河套航运办事处，维持现状，不得购买新船，报废旧船，用现有船只维持眼前水运，精简船业人员并使之转向农业生产。1962年，河套航运办事处撤销，设留守处处理船业人员转产工作，磴口船社与搬运公司合并，至此河套1000多年来的黄河水运历史结束了。

## 全民会战总排干

长期以来，河套得益于黄河的自流灌溉成为举世闻名的“塞上粮仓”。但是，有灌无排的状况也给农业的进一步发展带来不利影响，如地下水位居高不下，土地盐碱化程度日趋严重。为了根治这一“水症”，建设排水系统势在必行。

1975年冬天，巴彦淖尔盟委书记李贵在零下20多度的严寒季节，带领全盟15万劳动大军，战斗在长200多公里的总排干工地上，用3个月的时间，完成了总排干沟的疏浚和扩建工程。整个工程共完成土方1168.35万立方米，完成650.64万个工日，完成国家投资460.36万元。这一工程的胜利竣工，为河套灌区排水治碱，改良土壤，发展生产打下了良好的基础。

总排干沟是河套灌区的一条大动脉。早在1957年，水利电力部北京勘测设计院就在黄河流域内蒙古灌区的规划报告中提出了总排干沟工程规划。1958年，黄河水利委员会水利勘测设计院对总排干工程进行了初步设计和技术设计。该设计方案对原工程规划作了适当修改，最后确定线路是西起袁家坑，沿乌加河东入乌梁素海，全长201.6公里。总排干是河套灌道排水沟道的主体工程，整个工程利用乌加河天然河道和洼地104.2公里，新工段及裁变取直段落97.4公里，比原乌加河河道缩短了54公里。至此，总排干沟初步建成，乌加河正式废除，并拆除了乌加河上的所有闸坝。

随着农业的发展，投入使用的总排干不能满足灌区对排水的要求。1974年，自治区决定扩建总排干，并配套建设排水工程。按照自治区的要求，巴彦淖尔盟成立了总排干工程指挥部，各旗县也成立了相应的领导机构。1975年10月25日，巴彦淖尔盟委下发了《关于疏通总排干和十大排干的决定》。该决定下达后，得到了广大干部和群众的热烈拥护和广泛支持。从当年11月3日开始，成千上万的民工挑着箩头、行李，从几十里至上百里远的地方，日夜兼程地奔赴工地。运送物资的汽车、拖拉机、大胶车、小胶车川流不息。从3日到7日，全盟有7万多民工上了工地，民工人数最多时达到15万，形成了“党政军民齐动员，四级书记带头干，五级干部上前线，男女劳力齐参战，全民大挖总排干”的动人场面。在200多公里的工地上，白天红旗招展，人山人海；晚上灯火通明，挥镐大干。经过两个多月的奋战，胜利完成了总排干的疏浚和扩建工程。

由于施工处于严冬时期，施工条件和生活条件都很困难，尤其是住宿困难比较大。在206公里的总排干工地上，15万民工被容纳在两岸3万余居民的家中，如乌拉特前旗20公里长的工地只有6个村子3000多人，但容纳了约15000个民工，许多民工甚至住在羊圈、凉房里。在此期间，民工们吃的是粗饭，喝的是排沟里的水。

此外，经济方面也十分困难。虽然规定每个定额工日补助0.6元，但是由于工程不竣工不给拨款，所以民工的生活十分艰苦。而且当时生产队和社员也很穷，如乌拉特前旗西小召公社巴音五队的民工出工时，队里连民工在工地所用的必需品如灯油和火柴等零星开支都无法解决，可见当时的艰苦状况。

工地的施工条件也很差，整个工地只有少数抽水机，有时民工甚至要在冰水里作业。破冻土的主要工具是铁锲，工地上，几十万只铁锲被一锤一锤地打成铁屑。而数以万计的冻土块，则要民工们一块一块地背出沟道。民工们白天干了一天，晚上还要挑灯夜战。当时工地上激励民工的口号是：“苦不苦，想想长征二万五；累不累，想想革命老前辈。”施工中最艰苦的作业就是与流沙的斗争，这种斗争全靠民工们的肩膀和双手。在斗争过程中，他们创造了不少办法，如“野马分鬃”（从一边挖一条小沟）、“开膛破肚”（从中间先挖一条小沟）等。工地上缺箩头，广大人民群众便发挥创造精神，制作了铁丝箩头、木制四方架箩头，既轻便又坚固好用，还能节省经费。

工地上还涌现出了许多舍己献身的英雄人物。杭锦后旗三道桥公社女共青团员陈先先在施工中献出了宝贵的生命。她的家人表示："要接过先先的扁担，完成先先没有完成的任务。"随后一家八口都上了工地，前赴后继，大挖总排干。在这种精神的鼓舞下，陈先先所在的大队最早完成了任务。牧羊海农场职工段德平在工地奋战中牺牲，被追认为中国共产党党员。他的母亲、哥哥闻讯从老家河北赶来。他的母亲说："德平为了建设社会主义献出了生命，死得光荣。"他的哥哥也主动上了工地，接过弟弟的扁担和职工们一起大干。这些可歌可泣的事迹，体现了人民群众为建设社会主义而献身的崇高精神。

为了调动人民群众的积极性，指挥部把疏通总排干作为社会主义教育的大课堂，激发广大人民群众建设社会主义的热情。工地上，发扬共产主义精神、把方便让给别人、把困难留给自己、顾全大局、互相支援、互相协作的高尚风格蔚然成风。许多民工完成任务后，并不回家休息，而是奔赴新的工地，支援兄弟单位。如乌拉特中旗的红旗公社一鼓作气连续转战三个公社的工地。临河县团结公社在完成任务后，把自己的大部分工具留给了困难较大的五星公社，公社领导还率领100名民工把群众节约的一万多斤口粮支援给五星公社。农管局系统知识青年较多，体力较差，经过努力，任务仍然无法与其他单位同时完成，落在了后面。为了能够同时完工，乌拉特中旗、五原县、乌拉特前旗积极响应巴彦淖尔盟委号召，集中主要劳力志愿支援农管局系统，与农管局系统职工并肩作战，按时完成了施工任务。

这次扩建疏通总排干工程，盟里也积极支援：工业部门修理到工地；财贸部门送货到工地；医药卫生部门送药到工地；交通邮电部门为工地提供了一切方便；文教部门到工棚、沟畔进行慰问演出，工地上仅电影放映队就有120多个。一时间，出现了一个"人人想着总排干，一切支援总排干，千军万马大战总排干"的生动局面。

总排干的胜利竣工，与套内十大排水干沟以及众多的排沟构成了畅通的排水系统，为大面积农业开发，根治盐碱改良土壤，促进套区农业大发展创造了条件。

如今，几十年过去了，套区的灌排系统日臻完善，广大人民群众用勤劳的双手从土地上获取着丰厚的回报。

# 风云人物

HUASHUONEIMENGGUwuyuanxian

# 风云人物

FENGYUNRENWU

五原，依山傍水，土肥水美，人杰地灵。五原人或造访五原的人在这里演绎了汉匈战争的风云，留下了蒙汉通商的故事，掀起了抗日救国的烽火，谱写了战天斗地的壮举，还书写了文人墨客的情怀……

## 蒙恬北征战匈奴

秦始皇统一六国后，为了抵御北方匈奴的南下侵扰，派大将蒙恬率兵30万，征讨匈奴。

蒙恬率兵在阴山一带与匈奴骑兵展开激战，最终将匈奴逐出河套地区，收复了一度被匈奴占领的河南地。为了防止匈奴再次来犯，秦政府在收复地区建郡县，修长城，把昔日秦、赵、燕北边的长城连起来，形成了西起临洮、东至辽水的万里长城。同时，蒙恬主张从内地移民进行屯垦实边，以固边防。蒙恬还修筑了由九原郡到咸阳的直道，便利了运输，加强了联系。

## 卫青挂帅北击匈奴

汉武帝时，为了彻底解除匈奴的威胁，派卫青出征北击匈奴。

元朔二年（前127年），卫青率大军收复了河南地。在征战中，卫青采取迂回包围的战术，击败匈奴楼烦王。当时，九原郡是匈奴南下的要冲，为加强防御，汉政府将九原郡一分为二，东部地称五原郡，西部地称朔方郡。

元朔六年（前123年），卫青率兵西出定襄，袭击匈奴单于本部，斩获万余人。

元狩四年（前119年），卫青集中兵力，深入漠北，采取正面钳制、两翼包抄的战术，歼灭了匈奴主力，追单于不及而返。

## 革命先驱李春秀

李春秀，1905年出生于内蒙古萨拉齐。

1919年，五四运动爆发。临近高小毕业的他，在新文化、新思潮的影响下，认识到中国农民之所以贫困，是因为封建制度的剥削和压迫以及帝国主义的侵略和掠夺。他鼓动同学以罢课方式反对天主教堂外国神父的压迫和剥削。

1922年春，李春秀随家逃难来到后套，在蛮会定居。年仅17岁的他在教堂小学当起了老师。他利用授课之便，不断向学生们灌输反帝反封建的思想。

1925年，李春秀结识了进步青年刘进仁。刘进仁将有关“五卅”运动的宣传品介绍给他，进一步激发了他的反帝爱国热忱。他与进步教师王汝贤一起，在学生中发动了反对外国神父的罢课斗争。为此，王汝贤被解除了教师职务。李春秀就此组织学生罢课抗议，结果，他也遭到解聘，并被驱逐出蛮会。

李春秀被解聘后不久，被临河设治局委任为三区代表。他一到任，就遇到蛮会天主教堂的比利时神父窝藏一个强奸幼女犯的案子。他利用自己的身份，在警方的配合下，迫使教堂交出罪犯，此举打击了外国神父的嚣张气焰，为群众伸张了正义。

1927年7月，经刘进仁的介绍，李春秀加入中国共产党，并担任中共临河支部组织委员兼军事委员。他首先投入了与教会争夺教育权的斗争，先后办起了临河一校、蛮会二校、乌兰淖尔三校等公立学校。许多青少年退出教会学堂，转入公立学校读书。在办学中，他领导进步教师，秘密进行反帝反封建和马列主义宣传教育，临河一校成为党在后套地区开展地下革命工作的第一个据点，培养了大批青年走上革命道路。此间，他深入群众，先后发展白英、刘昆山等人加入党组织，还建立了蛮会、陕坝、大顺城等党小组。

1928年，绥远大旱。秋冬时节，大批难民涌入后套。李春秀受支部派遣，专门从事难民工作。他深入蛮会以南的大顺城、王亮滩、陕坝等地难民较多的地方，一边进行慰问，一边组织难民自救。隆冬季节，难民们搭茅庵房栖身。李春秀号召难民们到临河县政府请愿，要求政府救济。难民们群起响应，选派百余位代表到临河县政府请愿，县长黄彦邦不得不下令开仓赈灾。

1929年春，为帮助难民度过饥荒，中共临河支部及时组织难民开展夺粮斗争。李春秀和支部的同志带领数百名群众分了地主张大旗的粮食。

1930年6月，宁夏马仲英部进入后套，李春秀奉命打入马部。不久，即任该部连长。次年2月，王英部进入临河包围了马部黑马队。一场激战后，双方由地方绅士调停，以丰济渠的天吉泰桥为界形成对峙局面。中共临河支部决定从黑马队入手打破僵局，同时联络王英部的部分力量，组建自己的武装。李春秀利用一个弟兄的关系，在王英部搞了一个排长职务进行秘密活动，并设法与黑马队取得联系。6月初，李春秀接到情报，驻隆兴长的黑马队有一个连正在酝酿哗变。支部经过细致安排，派李春秀带两个助手前往联络。

李春秀等人到达隆兴长后，隐蔽在新城北门附近，并与对方取得联系。双方决定次日行动。但由于行动不够缜密，走漏了风声，敌人获得了有关情报。第二天拂晓，李春秀的住所被敌人包围。李春秀发觉情况有变，立即带领同伴向外冲去，最终因力量悬殊而被捕。敌人对李春秀严刑拷打，妄图从他身上打开缺口，破坏我地下党组织，但他没有屈服。敌人无奈，决定以“策动哗变，持枪拒捕”为由杀害他。党组织虽多方营救，但都没有成功。

1931年6月9日上午，李春秀被敌人押赴刑场。他昂首挺胸，拖着镣铐，大气凛然地走在隆兴长大街上。他不断向两侧的群众疾呼：“组织起来，行动起来，跟着共产党闹革命！”他视死如归的英雄形象感染了群众，不少人流着眼泪伸出大拇指：“咱们后套也有共产党啦！”“共产党是好样的，咱后套也有人闹革命啦！”

在“打倒一切反动派！中国共产党万岁！”的高昂口号声中，李春秀英勇就义，年仅26岁。

## 大二老虎智杀日寇

1940年3月23日，天刚亮，金先生圪旦的村民发现了几个逃窜的日本兵。

王二老虎走到他们跟前，佯装询问：“皇军走得累了，到家里歇歇吧。”手持战刀的鬼子摇摇头，手指安北方向，让二老虎带路。这时，大老虎和金三从屋里走出来。二老虎边给他俩使眼色，边大声说：“太君要到大佘太，你俩路熟，快引太君去吧。”

几个鬼子信以为真，向东指指方向，让他俩带路前行。大老虎和金三带着鬼子们绕过退水壕到了卜罕庙，把鬼子们领到刘八小家歇脚。

大老虎、金三领着鬼子走后，二老虎召集村里十来个人拿着从乌镇拣来的七支步枪，上好子弹抄近路赶来。大老虎和金三领着鬼子沿乌加河夹心滩向芦苇丛走去时，村民保束棍开枪撂倒一个鬼子。这犹如一个信号，大老虎、金三立即向其他鬼子猛扑过去，二老虎等人也飞奔过来，他们合力将鬼子们打死，并把他们的脑袋装入毛口袋，尸体填入了冰窟。

不一会儿，又有七个鬼子探头

探脑地向这边走来，企图踏冰过河。大老虎、二老虎和几个村民隐蔽起来，商量以偷袭的方法把他们除掉。当几个鬼子走近时，村民们同时开枪射击，有两个鬼子当场毙命，其他五个没命地向芦苇丛钻去。时值冰消开河之际，冰面较薄，五个鬼子瞬间掉进冰水里。

大老虎、二老虎等人机智杀敌的英雄事迹在河套广为流传，民间有顺口溜："大二老虎真英雄，乌加河畔杀日军。他把鬼子杀了个净，为的是咱老百姓。"

### 刘桂清创办育仁小学

刘桂清（原名刘雅枝），1910年出生于黑龙江省阿城县（今阿城区）。12岁时，她借给地主家孩子背书包之机，踏入了学堂的大门，并在学堂老师、我地下党员傅天钧的帮助下，认识了不少字，懂得了不少做人的道理。

进工厂后，她积极投身于反帝爱国运动，并于1930年光荣加入中国共产党。在组织女工反抗资本家的压迫与剥削的斗争中，她逐渐成长为新一代女性。

在党组织的指导下，刘桂清组织工人代表同资方谈判，争取工人权利，还办起了工人识字班。

1930年底，平民女子工厂党支部成立，刘桂清担任支部书记。在此期间，她结识了当时中共北满特委宣传部部长贺昌炽，并结为连理。

九一八事变后，党组织决定调刘桂清和贺昌炽南下上海。1934年初，夫妇俩又奉命赴华北工作。此时他们已有三个女儿，组织上考虑到白区工作环境恶劣，建议他们将刚满四个月的双胞胎姐妹暂送孤儿院寄养，再北上天津。一个月后情况有变，夫妇俩又先后返回了上海。

1935年2月，上海中央局遭敌破坏，部分同志被捕。3月17日，党组织在刘桂清家中召开会议，成立了上海站临时中央局，办公地点就设在刘桂清家。从此，她既任中央局的交通员，又管理财务，并负责机关和丈夫的安全。

1935年7月，党组织安排刘桂

刘桂清

清随丈夫赴苏联学习。就在筹备赴苏事宜之际，她被叛徒出卖，被捕入狱，被押往南京。在狱中，敌人对她严刑拷打，百般折磨，要她供出丈夫的下落和党的机密，但她忠贞不渝、严守机密，保护了党组织。1936 年 3 月，经党组织多方营救，刘桂清被保释出狱。出狱后她才知道，弟弟在哈尔滨被杀害，父母先后丧痛离世，三个女儿全部失散，丈夫贺昌炽在上海遭遇了不测（后在党组织掩护下到苏联学习）。

贺昌炽本应去苏联东方大学军事训练班学习，但因与中国支部的王明、康生意见不合而被分配到外文出版社工作。在共产国际第七次代表大会上，王明作关于国内形势的报告时只字不谈遵义会议的伟大意义，大肆吹嘘自己的领导才能，遭到贺昌炽的严词反驳，令王明等人恨之入骨。在苏联肃反运动中，贺昌炽等人被流放到西伯利亚，最终他忧愤成疾，含冤而逝，时年 30 岁。

面对家破人亡的巨大不幸，刘桂清没有消沉，而是以超人的毅力，强忍悲痛踏上了更加艰难的征途。

1937 年七七事变后，刘桂清到延安中央党校学习。当时，时任校长的康生发现贺昌炽的妻子在党校，便给她扣了一顶“叛嫌”的帽子，把她逐出党校。

离开延安后，她向西安八路军办事处哭诉了自己的不幸遭遇。办事处的同志及时向上级汇报了刘桂清的情况，西安特别支部蒋自明同志指示她到河套地区开展抗日宣传工作。她先在国民党骑八师医院任护理指导员，此间结识了有民族正义感的院长吴玉山。在征得党组织的同意后，她与吴玉山组成了新的家庭。

1940 年，刘桂清夫妇根据党组织的指示，离开国民党骑八师医院，到五原创办了绥西医院。由于绥西医院医术较高，收费低廉，还常免费给贫苦百姓看病，声誉渐高，医院的实力也逐渐增强。

刘桂清始终对教育情有独钟，她忘不了童年时求学的艰难。1945 年秋，抗日战争胜利后，她便开始在五原筹办学校。她把全部积蓄拿出来买土地、建校舍，还呼吁地方人士资助，组建了校董会。

校董会成立后，刘桂清主持制定了办学宗旨和办学章程。其宗旨是：教育与劳动相结合，实行勤工俭学，为社会培养实用人才。其章程是：废除打骂教育，实行说服教育；不收任何费用；收容失学难童。建校后，校名定为“五原县私立育仁小学”。

1948 年 3 月 1 日，育仁小学正式开学，首批招生60名，先设1个班，聘请了2名教师。建校初期，学校各方面条件很差，一开始只能露天上课，后来借到房子后才算有了临时教室。当时的课桌是土台子，黑板是用泥抹的。育仁小学的办学宗旨及不收费的消息不胫而走，很多家长都把孩子转到了育仁小学。

1949年夏，育仁小学搬到五原县城西街。在借用教室上课的同时，刘桂清带领师生修建新校舍。经过两个多月的艰苦劳动，建成6间土坯教室，办公室、教室、宿舍各2间。到秋天开学时，全校师生高高兴兴地搬进了新校舍。

值得一提的是，育仁小学的办学宗旨与党的教育方针是相同的。刘桂清在五原率先贯彻党的教育方针，对五原教育而言功不可没。

1950年10月的一天，中组部通过中共五原县委通知刘桂清，以前对她的处理是错误的，冤枉了她。刘桂清听罢，抑制不住自己的感情，痛哭出声。这突如其来的喜讯，让年届不惑的刘桂清焕发出青春的活力。这一年，她在育仁小学增设了妇女民校班，动员和说服年龄较大的妇女来上课。该班的授课时间安排在晚上，分不同年龄上课。刘桂清和老师们白天教学生，晚上办民校、备课、批作业，常常熬到半夜，刘桂清更是累得两眼通红，但她从不说累，始终保持着旺盛的精力。

1951年，五原县私立育仁小学改为公办学校，校名改为“五原县西街小学”。当时，学生人数已达到200多，再加上夜校学员共有300余人；教职工从2人增加到16人。改为公办学校以后，刘桂清仍担任校长。

1955年，刘桂清被诬陷为“叛徒”“历史反革命”，被开除党籍。西街小学也被迫解散，师生被分到城内其他学校。党的十一届三中全会以后，刘桂清得到平反。随后，刘桂清又以顽强的毅力站了起来，她知道自己所剩时间不多，便争分夺秒地为党和人民工作。平反后，她先后担任五原县人大常委会副主任、巴彦淖尔盟政协委员、自治区政协委员。离休后，她仍然关心教育事业，尤其是五原的教育事业，还盼望恢复育仁小学。

1990年11月5日，刘桂清病逝于呼和浩特市。三年后，五原县恢复了“育仁小学”，了却了老人的一桩心愿。

### 水利专家王文景

王文景（1901～1955年），著名水利专家。青年时期，就读于河北省唐山市北方交通大学。1927年毕业后，在河北省建设厅从事技术工作。

1932 年，王文景任五原办事处水利技师，主管水利工程工作。

当时，义和渠等渠道淤积失修，进水不畅，灌溉困难。王文景运用现代科学技术进行勘察设计，施工开挖了川惠、华惠两道干渠，又为沙河渠、灶火渠、义和渠设计开挖了新华渠、义惠渠、光惠渠、安惠渠等，改善了后套地区引黄灌溉条件，使灌溉面积达到 30 余万亩。

1937 年七七事变后，绥区屯垦队解散，王文景离开五原到四川工作。

1941 年初，傅作义为尽快医治战争创伤，提出“民养军，军助民，治军与治水并重，军民合作，发展生产”的意见，决定建立健全水利管理机构，振兴水利建设，发展农业生产，解决军需民食。王文景经老友张立范推荐，接受了傅作义的邀请，辞去成都太平寺机场少校工程师职务，出任绥西水利局局长。到任后，他立即组建了绥西水利局机构及其下属五原、晏江、安北、临河、狼山、米仓各县的水利局。

王文景任职后，对后套水利建设进行了统筹规划，制定了《水利工程整修方案》，调用万余军工整修了义和渠、永济渠重点水利工程。施工期间，他亲自到工地指导。

1942 年 5 月，王文景开始复兴渠的勘测设计工作，和工程技术人员餐风饮雨，不辞劳苦，几经比较论证，最后将引水渠口确立在李根圪旦河床较稳定的河湾。1943 年 4 月，复兴渠兴工开挖，孙兰峰为施工总指挥，王文景为副总指挥。三十五军、暂三军和察绥边区挺进军等部队 12 万名军工冒着日本侵略军飞机扫射的危险，进行军事化施工。复兴渠横切独柜渠、旧灶火渠、

王文景（右）改创草闸技术场景复原

毛农渠、新灶火渠、哈拉乌素渠、邬家地渠、十大股渠、阿善渠等13条渠，全长50公里，并改多口引水为一口引水，还在李根圪旦、皮坊圪旦等处修建了进水、分水、控水、泄水草闸。复兴渠于同年7月竣工，成为后套十大干渠之一，解决了晏江、五原两县干地灌溉问题。复兴渠建成后，当年增灌土地30万亩，获得水利部颁发的大禹奖章。

王文景在治水工作中，认真总结治水经验，就地取材，把河柳、哈莫尔等草木卷成捆状当草闸，解决了当地水利建设建筑材料短缺的问题。

他在水利工程建设过程中注重积累资料，并在此基础上测绘完成了《后套灌区地形图》。在主持绥西水利局工作期间，先后建立了同义隆大坝水文站、丰济渠水文站，为后套灌区的开发治理积累了大量水文资料。

抗日战争胜利后，王文景升任绥远省水利局局长。1946年，他根据资料和经验，主持撰写了后套灌区治理方案。该方案提出将各大干渠由黄河南直接开口，合并四首制引水，逐步过渡为挖其咽喉、高接水源的一首制引水；整治乌加河，建设灌区排水系统，以控制地下水位升高，防止土地盐碱化。

1950年春，绥远省人民政府决定抢修黄河防洪堤。王文景勇担重任，亲自主持踏勘设计，指挥万名兵工施工，历时两个月，完成长达250公里的河套段黄河防洪堤第一期工程，为防止洪水危害奠定了基础。

王文景呕心沥血，脚踏实地，为河套水利事业奋斗了大半生，不幸于1955年4月9日与世长辞，享年54岁。

## 农科先锋张立范

张立范（1901 ～ 1973年），农业科学家。他出生于山西省河曲县，从小聪颖好学，热爱劳动，为乡亲父老所称道。20世纪20年代初，他就读于山西太原省立第一中学，后从江苏南通高级农业职业学校考入法国蒙伯里农学院攻读农业学位。1928年回国，先后在河北大学农学院、上海国立劳动大学农学院执教。

1933年，张立范接受阎锡山的邀聘，放弃在上海的舒适生活，来到五原农事试验场工作。

试验场设农业、畜牧、森林三个组，从事农、牧、林良种推广、农具改良、土壤地力等综合性试验研究。为进行综合性试验研究，张立范跑遍了五原、安北、临河三县的屯垦队。功夫不负有心人，他先后获得多项试验成果。自此，农、林、畜牧优良品种在后套地区得到推广。

1937年七七事变后，试验场被迫解散，张立范忍痛离开五原。1939年，他断然拒绝了国民党中央政府农业科学院的高薪聘请，接受傅作义的相邀，于同年秋重返五原，出任绥远省农业专员，从事他热爱的农科工作。

1940年，绥远省农业改进所成立，张立范任所长。农改所设农事、畜牧、森林三个组，成立了五原、邬家地、安北、塔布木独和临河5个苗圃，拥有苗地1300亩，培育杨树、柳树、榆树等优良品种。自此，从五原开始，后套地区开始有计划地进行人工造林。

张立范大部分时间都工作和生活在农村。他经常骑着一辆旧自行车走村串户，与农民一起就咸菜吃酸米饭、同住一盘土炕，还经常在田头、渠畔、场院与农民拉家常，向他们传授农业科学知识，谈论种庄稼的事。他将培育和推广农业优良品种当作头等大事。为此，他还建立了专业育种机构，选择农村重点育种户进行育种，先后培育出绥农1号小麦、河套215号小麦、狼山462号糜子等具有产量高、不倒伏优点的品种，成为后套地区的主要农作物品种。此后，又相继引进了水稻、甜菜、华莱士、甜瓜、三白瓜、棉花、两用亚麻及西宁滩羊、河套黄牛等优良农畜品种。

张立范认为后套土地平坦肥沃、灌溉便利，适合种植水稻，于

张立范做研究场景复原

五原实验糖厂生产场景

是大胆进行了试验。他整天泥里出、水里进，跟班劳动，现场指导。到1942年，不插秧直播水稻试种成功。当时，为防止土地盐碱化，控制种植面积，他先以协成桥和份子地为重点种植区，后逐渐扩展到晏江、五原和狼山三县。

抗日战争期间，五原和整个后套地区从绥、包、京、津进货的商路被堵，致使日常生活用品奇缺。张立范在原材料缺乏、设备简陋的条件下，建起五原实验糖厂。他从外地聘请制糖技术人员，用从外国引进试种成功的甜菜做原料生产红糖，填补了后套地区制糖业的空白。五原实验糖厂是内蒙古工业史上的第一家糖厂。

张立范为人光明磊落，是个有民族气节的爱国知识分子。抗日战争胜利后，他对国民党反动派挑起内战深恶痛绝。1949年，他积极赞成和平起义，不顾国民党特务阻挠，派人将《绥远和平起义书（草案）》送到五原及后套各县。绥远“九一九”和平起义通电，他是39个签字人之一。新中国成立后，他受到党和政府的信任，先后任绥远省人民政府委员，绥远省财经委员会委员兼省农林厅厅长，全国人大代表，自治区政协委员，内蒙古农科院院长。

1950年，后套各县小麦得了黄锈病，造成夏粮歉收。身为农林厅厅长的张立范及时制定方案，经省政府批准，向银行贷款购买来年小麦种子，并无偿发放给农民，保证了1951年后套小麦的播种。

他大力提倡推广粮草轮作、粮草间作，以提高土地肥力。在他的大力倡导下，20世纪50年代中期，巴彦淖尔盟黄灌区实行粮草轮作、粮草间作，涉及面积达10万亩，不仅提高了粮食单产，改良了饲草结构，还促进了畜牧业发展。

在他的大力倡导下，农民开始使用农药，更新改良农具，平整土地，实行夏翻、秋翻、深翻、铺底肥等发展农业生产的措施。他注重农业技术骨干的培训。早在20世纪30年代，他就采取半工半读和短训班的形式，培养农业技术人员。他亲自编写教材，亲自登台授课。培训班开设国语、数学、作物概论、土壤学、水利学、植物学、肥料学以及园艺、畜牧、林业等课程，为五原培养了一批农业技术骨干。抗战时期，他开展奖励生产能手活动，并编印了《农耕要义》《耕作栽培讲义》《怎样植树造林》等科普书籍。新中国成立后，他积极主持参与培训农业技术骨干的工作，并使这项工作制度化。

20世纪60年代，他应邀参加巴彦淖尔盟黄灌区农业发展规划会议。会上他提出了诸多建议：以农为主，农牧林草全面发展，采用生物治理措施；实行科学灌水，防止土地盐碱化；有计划地利用土地资源，营造防沙治沙林网，在河畔渠堤、铁路公路两侧植树造林，提高森林覆盖率，改善生态环境……

1973年1月13日，为农业科学奉献了一生的张立范与世长辞。

## 育才知青高崇毅

人们喜爱绿色，更衷情绿叶。因为它象征着生命，象征着希望，象征着春色。

高崇毅，是一位从天津下乡的老知青，同五原第六中学一帮喜爱文学的师生创办了校园文学社——绿叶。于是，在广袤的充满生机的河套平原上便唱起一支绿色的歌，那优美动听的旋律萦绕八百里平川，享誉祖国大江南北。

刘召——河套平原中部一个不起眼的小镇。在镇中心坐落着一所县直普通初级中学，那就是五原县第六中学。萌动创办文学社的想法，是在改革开放的大潮中产生的。那个时候，拜金主义、利己主义、读书无用论有所抬头，校园这个本应圣洁的园地也受到了影响，尤其是一些贫困家庭的孩子，在不正之风的干扰和家庭经济拮据的挤压之下，辍学现象日趋严重。如何引导孩子们树立正确的人生观和价值观，如何引导孩子们树立远大的理想，如何让孩子们接受良好的品德和情操教育呢？时任学校政教处主任兼团委书记的高崇毅认真思考着这些问题。他认为，孩子们的思维方式和认识水平不同，把他们组织起来开展健康有益的活动，让他们在活动中得到思想的升华，才能达到正面教育的目的。高崇毅想到自己曾在少年时有过“作家梦”，便决定创办县内第一家中学文学社团。

当他把这个想法告诉语文组的同伴时，大家认为这简直就是不谋而合，想到一起了。心灵的相融，形成了不可遏制的精神力量。他们在一无所有的情况下开始了艰难的创业。1992年4月15日，绿叶文学社诞生了。热烈的场面过后，他们面临着严峻的现实：经费没有一分，稿纸没有一张。真是应了古人的话，万事开头难。他们迎着困难，用真诚的举动去“化缘”。这种善意的举动，感动了县镇两级领导，经费有了着落，稿纸摆到了案头。在庆祝共青团建团七十周年的大喜日子里，作为季刊的《绿叶》第一期与读者见面了。正如一位文学社社员在一首小诗中所写的那样：“三人行，他们用自己的汗水浇根，用自己的心血染叶，用自己的才华垫底，一棵小苗成长的摇篮，终于在他们手中编成。”

作为主创之一的高崇毅在办刊过程中更是经历了诸多困难。《绿叶》刚问世，作为名誉主编的他要亲自把这个散发着油墨香味的小刊物送到县属各中小学校。当时，他的妻子患乳腺癌，卧床在家，他一边呵护刚刚问世的《绿叶》，一边照顾患病的妻子。然而，创刊仅一年，首任主编即调回呼市；第二年，另一名与他并肩战斗的战友又当了县党校副校长。一下子，《绿叶》的重担都压在了高崇毅的身上。面对人事的变动，他没有气馁。他只身到上海参加语文报社主办的“全国中学文学社团联谊会”。就是在这个会上，绿叶文学社团被评为全国前卫文学社团。从此，《绿叶》不仅在河套有了名气，在区内外也产生了一定的影响。在此期间，高崇毅为了《绿叶》的生存和发展，婉言谢绝县内外重点中学以优厚待遇为条件要求加盟的邀请及徐州年薪五万元的聘请。内蒙古教育杂志社记者孙志毅曾对高崇毅做了一次专访，发表了专题文章《你就是一片绿叶》。记者在这篇文章中写道：印度大诗人泰戈尔说过，绿叶是无愧于大地的。绿叶是一个多么平凡而诱人的称呼。高崇毅这样一个三十多年咬定青山不放松的老知青，虽与世俗隔膜，有时免不了要受“落伍”“迂腐”的指责，但他不就是一片装点大地的绿叶吗？

绿叶，郁郁葱葱，生机勃勃。它是土壤和养分的结晶，它是阳光和空气的化身。

绿叶文学社的成长过程中，每前进一步都受到了社会各界的扶持、帮助和呵护。他们用爱心合奏着一支为了“绿叶”，为了孩子们的爱心曲。这里面蕴藏的希望与期望，让师生们的心中升腾起一种对各界伯乐和知己的崇敬之情。

在《绿叶》的初创时期，时任内蒙古文联副主席的杨啸致信给予鼓励：“我深知，在一个学校里，自己能办成这样一份刊物会是多么的不容易，需要付出多少汗水和心血。但我相信你们的心血不会白费，汗水不会白流，辛勤的耕耘必然换来丰收的硕果。只要刻苦地、持之以恒地坚持下去，一定会出作品，出人才。因此，我愿意为你们的文学社和你们的刊物呐喊、助威，衷心地祝愿你们把文学社和刊物办得越来越好。”生在杭州、长在上海，长期耕耘内蒙古儿童文学理论园地的张锦贻老师不断来信，给予鼓励和支持。作家黄世衡、教育部原总督学柳斌、教育家韩作黎、教育学会会长顾明远、中央电视台少儿节目主持人鞠萍以及毛志成、浩然、贾平凹、叶章、冯苓植等一批著名作家，都给《绿叶》题词予以鼓励。

《绿叶》的不断发展，也受到了全国众多青少年报刊的关心与厚爱。《语文报》《德育报》《全国中学生优秀作文选》《初中生课内外》《中国校园文学》等数十家报刊，关注《绿叶》，支持《绿叶》，是《绿叶》成长的向导和挚友。为了把《绿叶》引向全国的中学生文学园地，不少杂志给予专版介绍，在广东、四川、福建、江苏、河南、贵州等省区的中学生中产生了强烈的共鸣和巨大的反响。《绿叶》的功绩不仅永存孩子们的心底，更在五原的教育史上写就了灿烂的一页。它为青少年点燃了跃动着激情的理想之火，也为五原，为我们的祖国培育了一批又一批热爱生活的文学青年。

绿是生命的象征。只有枝干的支撑，绿叶才会显示出无比顽强的生命力。

唯有绿叶的衬托，鲜花才分外艳丽；唯有绿叶的朴素，鲜花才格外华贵；唯有绿叶的默默无言，鲜花才更加灿烂夺目。

《绿叶》多姿多彩的活力吸引了大批县内外的中学生，参加文学社的人数由初创时的 30 多人发展到现在的 400 多人。《绿叶》萌动的是对美好生活的憧憬，是对人生理想的追求。《绿叶》是他们自由翱翔的广阔天空。在孩子们丰富的想象里，真挚细腻的感情里和纯洁无瑕天真好奇的目光里，《绿叶》是他们学习、生活的一部分。这里，他们可以尽情地抒发情怀，可以诉说忧伤与困惑，可以编织多彩的梦。从那一篇篇感人的作品中，我们倾听到了他们心灵的呼唤和对生命的礼赞，我们看到了他们燃烧的激情和青春的光芒。社员贾永霞的散文《家乡的爬山调》是第一篇登在《内蒙古日报》上的作品。这个“第一篇”意义深远，它激励着社员向更高的目标攀登。随后文学社便一发而不可收，先后有20多名社员的作品在《语文报》《北方少年报》《中国初中生报》《中国少年文学家》等省级报刊发表。这一朵朵绽放的鲜花，衬托着《绿叶》更加翠绿欲滴。

《绿叶》作为文学刊物，刊登校内外中小学生习作1500余篇，其中区外省级以上刊物有200余篇，获得各类奖项的社员有400多人，有30多名社员的作品被区外不同出版社收编入书。

一批一批的社员从《绿叶》这片沃土上成长起来了，他们带着理想走出了校园。

他们是祖国的栋梁。

他们是民族的骄傲与希望。

《绿叶》在载誉区内外、培育大批人才的同时，也获得值得骄傲和自豪的殊荣：全国优秀文学社团、明星文学社、十佳文学社团、样板社团。特别是2003年，在中国作协、人民文学杂志社、中国校园文学杂志社联合举办的首届“全国中学九十九佳文学社（刊）评比”中荣获“九十九佳”的殊荣，这是《绿叶》获得的最高荣誉。

“绿叶”是孩子们的芳草地，《绿叶》是孩子们通向人生理想殿堂的阶梯，亦是走向明天、迎接希望的渡船，正所谓：

群芳争奇斗艳时，
尚凭绿叶为护枝。
新丫一片莫小觑，
他年又成倚天枝。

# 民俗风情

HUASHUONEIMENGGUwuyuanxian

# 民　俗　风　情

MINSUFENGQING

五原居民，多来自山西、陕西、河北、河南、山东等地，因此居民的性格、饮食、住房、婚丧嫁娶、四时节令等具有多样性，又因相互融合、发展而具有独特性。

## 河套品性

五原人具有典型的河套品性。

**忠实、厚道、勤劳、俭朴**

河套人不排外，且勤而不巧，以热爱家乡、安于故土、守本为荣。富不喜外，穷不离乡，民间有“河套人出门，瞭不见自家房上的烟囱就哭鼻子”的说法。

凡陌生人上门，主人家均喜色相迎，热情接待，问路投宿皆不拒，且施以宅食，以友相送。

邻居往来和谐友爱，遇食就吃，不兴虚假谦让，遇营生就做，帮助别人与给自己干活儿没有两样。遇有遭遇灾祸的人家，不管远近亲疏，均解囊相助，以众扶一；遇有人家办丧事，不邀自到，放下自己的营生不做，为死者挖坑抬棺送葬。

乞丐上门，河套人盛满碗米面施济。进套逃荒要饭的人，多因河套人的热情、厚道而被“套住”，留在河套谋生。

在河套的汉人尊长之风较浓，家规甚严，论资排辈严肃认真，依辈数大小互相称谓，不敢傲慢撒娇。家庭内部，每逢过年、老人过寿或新媳妇从娘家回婆家，晚辈均要对长辈施以拜礼问候。对外更为注重尊亲交际，尤其对娘家门上的亲戚更为尊重，有“亲不过姑舅，香不过猪肉”之说。

邻里之间按辈数年龄相称呼，不直接呼名道姓。同龄人相处，过去多有要好之人结拜的，按年龄大小，互称哥弟、姐妹，对彼此父母尊称“拜爹”“拜妈”，亲密无间，视同家人。若有结拜兄弟中无子嗣者，也愿将自己的儿子过继给他，顶家立业，栽根立后。还有让子女认自己的密友为“干爹”“干妈”的，释为干过继。

## 信守仁义礼智

出嫁的女子与公公、兄长之间拘谨界严。若是夫家姐妹、小弟或女婿属同一小辈，戏言玩耍时，即便过分也不嫌。女子生育之后要“坐月子”，母亲在世的必去伺候；生第一胎婴儿时，娘家要随陪婴儿首饰、衣物、玩具等。双方门上的亲戚及要好朋友闻讯后为女子馈赠红糖、鸡蛋、挂面、糕点等。满月时，夫家设宴招待亲朋好友，赴宴者（多为妇女，男人很少)赠送礼物。

居民有盖房或掘土动工者，过去有请和尚、阴阳择辰、念经、谢土之举。如安放屋梁时，描一幅八卦图，把一副竹筷压成“×”状，扎上红布祭于大梁中间；也会书写“太公在此，诸神退位”的楹联，取“驱邪扶正、吉庆有余”之意；此外，还要鸣放鞭炮。邻居们也会主动帮忙干活儿。主家待客时，午饭讲究吃馍馍，被称为“上梁馍馍”；封盖屋顶（也叫“压栈”）时吃黄米面炸油糕，也被称为“压栈糕”。

民国年间河套地区的妇女

## 简朴的穿戴

五原人的穿戴，随时代的发展而变化。清代，以长、宽为美，上衣多带大襟，裤腿较宽，衣服颜色以青黑色为主。新中国成立以前，五原人以穿土布衣为主，春、夏、秋三季的布料全从内地运来，因布匹贵所以上下衣既狭瘦又紧束。男女内衣多为红布腰子，小孩穿裹肚肚。土老布多用锅底黑、黑豆水或葵花籽壳煮染。那时能穿上平纹布

民国年间河套地区的男子

或斜纹布的是有钱人家。男人大部分穿黑、蓝、白三色，女人多数是红、绿或花色。农村人喜欢头上罩一块白毛巾，叫“羊肚子手巾”，春可防风，夏可防晒，秋可防蚊。一般人家有冬夏两季衣，贫困人家一年四季只有一身衣裳，把冬天穿的棉衣内的棉花或羊毛掏去就是夏季的单衣，烂了就打个补丁。冬季大部分人穿皮袄皮裤，人称“白茬子”皮衣，富人家时兴挂面（布料）皮大衣。五原人兴穿牛鼻子鞋（因形状像牛鼻子得名），冬天穿毛毡靴（被称为“毡嘎登”），头戴毡帽或兽皮帽子。极贫困的人家，皮衣终年不离身，冬天毛朝里，夏天毛朝外，夜里又当被子盖。逃荒要饭者，用破皮子、烂皮片缝制衣服，民谣曰：“前吊羊皮后吊毡，走路好像簸箕煽。”城乡妇女多梳髻发、剪发或梳辫子，喜戴耳环，卡发卡，用红、绿头绳，戴银制手镯，老年妇女爱扎一针线荷包，别在裤带上。

新中国成立以后，人们的衣着、衣料和样式逐渐发生变化。20世纪50年代盛行代海昌蓝、灯芯绒，60年代盛行条绒、大绒、咔机、哔机、哔达呢等，八九十年代以毛料、呢料、绸缎为主要衣料。进入新世纪，人们穿戴已不分城乡。

## 富有特色的饮食

五原盛产糜黍、小麦、禾和、玉米等，这些也是人们日常生活的主粮。城里人日食两餐，乡下人每日三餐，主食是酸饭（粥）。酸饭（粥）味道醇美，有和胃解渴功能。白面多用来做面条，也做水饺、蒸饼、馒头、碱串烙饼或拌汤。油炸黄米面糕是迎宾待客的佳食，亦是婚丧嫁娶、盖房上梁、乔迁新居之必备食品。菜蔬主要有山药蛋和大白菜。农家春季煮食红腌菜，冬春季的主菜是猪肉烩菜，平时多食山药条、烂腌菜、酸黄瓜、酸蔓菁。应时待客以炒鸡蛋、烙油饼为佳，偶尔吃肉也是大锅烩，不搞什么七碟子八碗。办婚丧事宴时，宴请宾朋主要有硬四盘（酥鸡、烧猪肉、清蒸羊、炸丸子）、大烩菜及凉拌豆芽。农家多养猪、羊及家禽，封冻后将其宰杀，并储存入窖，供日常食用，开春后，便将剩余的肉或腌制或炒熟入瓮储存。20世纪50年代以前，这里盛产黄河鲤鱼，糜米焖饭开河鱼是誉满河套的美食。

### 渐进演变的住房

过去五原人的住房极为简陋，一般都没有院墙。用草坯或土打墙，一根木檩上梁，数根木椽搭架，就成了俗称的茅庵房。大多数房子是一门一窗，以白麻纸糊窗，或用红柳条编成片子作窗，避风雨寒冷。殷实人家有大红躺柜，一般人家只有小木箱。五原流传的顺口溜“一门一窗，人起炕光，门后有半截水缸”，即是真实写照。有的人家，父母子女甚至四代人都住在一盘土炕上，两三个人用一床被子，用毛毡或羊皮代替褥子。大多数人家铺芦苇席子，有的人家是土炕。城里的商铺以及地商、财主、官府的房子多是土木结构。

新中国成立以后，住宅建筑样式和结构逐步变化，茅庵房改为套间式或一进两开的平顶房；土木结构渐改为半土半砖或砖瓦结构。20世纪80年代后，城乡居民多盖砖木结构的两出水的马脊梁房，或以钢筋水泥打圈梁浇顶。条件好的人

民国年间河套农户住房

家盖独家小院，院内式样繁多，堂屋、卧室、厨房、书房、卫生间、洗澡间等一应俱全，装饰豪华。

## 与时俱进的出行

过去，穷苦人出行多靠步行，即“拉步干儿”，老年人出门多是骑毛驴，妇女则是坐二饼子牛车或花轱辘车。财主、官员等有钱人出门多为骑马，到大漠改骑骆驼。随着经济和社会的发展，公路四通八达，自行车、摩托车成为人们出行的主要工具，出远门则乘坐长途汽车。现在，小汽车也进入寻常百姓家，车轮轮一转想去哪就去哪。

## 四时节令

五原人对一年四季的“四时节令”十分重视。在四时节令中，春节是一年中最重要的节日，需提前准备，且年年如此。

腊月初八是春节的前奏。俗话说：过个腊八，长个蚂蚱。意思是白天开始长了，夜间逐渐短了。过腊八要吃腊八粥，全家人在太阳出来之前吃粥，意思是早吃不闹眼痛。腊八一过就闻到年腥味了，家家户户购年货、做新衣。腊月二十三，家家户户要“祭灶”，让灶王爷“上天言好事，回宫降吉祥”。此后，开始大扫除，粉刷墙壁，拆洗衣服和被褥，蒸煮过年的各种食品，大人小孩要理发，总之就是要做到从人到物都干干净净。腊月三十，每家每户都贴春联，营造喜庆祥和的节日气氛。这一天，合家团圆，通宵不寐，谓之“守岁”，五原也叫“熬年”，欢欢乐乐吃团圆饭。大年初一，要到村外迎财神，接喜神，接着小辈给长辈拜年，长辈会给小辈压岁钱。正月初五，俗称“破五”，一是指从初一到初五要吃熟食，忌用生米面做饭，到初五就可破例；二是指过了初五就可下地劳动啦。初七是“小年”，习俗较过大年从简很多。

正月十五是上元节，又称元宵节、灯节，家家吃豇米制的元宵。从正月十四到正月十六又是一个过年的高潮，城里搞花灯展、放烟花、猜谜语等活动，村子里搞社火、灯游会活动。

二月初二有“龙抬头”之俗，男人都要理发。俗话说：“龙抬头，绣女也下楼，臣子耕地龙牵牛。”意思是过了二月二，帝王将相要下地劳动，老百姓更应早下地，早播种，争取个好收成。

五月初五为端午节，为纪念屈原而设。这一天，民间要包粽子、制凉糕，剪蛇蝎、蚰蜒、蜈蚣、蛤蟆纸（谓“五毒符”，贴藏于脖颈，也被称为“长命绳儿”）。当日晨曦时，大人小孩到野外采艾草，并携符纸到

五原农商银行
源澳大酒店 Yuan Ao Da Jiu Dian

河渠或井泉处淋浴净身。

八月十五为中秋节。节前家家备油、糖、面粉自制月饼。到了中秋节当天月升之时，摆供桌于院中，陈瓜果及月饼“献月”，全家吃团圆饭。

## 婚丧嫁娶

新中国成立以前，五原男女结婚多是父母包办，彼此不认识，也没有往来，只是由中间人也就是媒人介绍，选择一个吉日定婚（也叫“喝酒”）。定婚的男女双方要合一下生辰八字，还要看属相是否相克，如相克，尽管其他条件具备，也不能结婚。从定婚到结婚，在时间上长短不定，少则几天，多则几年。一般农村人家定结婚的间隔时间要比城里人家短一些，以一年为佳。定婚时男方到女方家要带四色礼，即烟、酒、茶、糖。酒要成双，并贴喜字用红色线系之，吃饭时要饮此酒，但不能喝尽，而是要留半瓶。返回时，要在这半瓶酒瓶内放一些绿豆或小米，意为“生米已做成熟饭”，不能再改变了，还要放一些生葱，意为“生根发芽”。定婚的次日，女方还要到男方家喝“回头酒”，表示双方和谐有礼。定婚后，还要“探话”，即商量结婚日期，也叫“下茶”，不需大操大办。结婚的日期多择双日，特别是逢二、八的日子，也有择六、十的，取“天作之合，成双配对”之意。结婚之日，分等亲、迎亲两种，前者简单，女婿不上门，后者是女婿上门娶新娘，并陪有伴女婿，也叫“大娶”。迎娶时有“娶三送四”之俗，即男方去三人迎娶，女家派四人送亲。民间还有“姑不娶，姨不送，妗妗送到黑圪洞，老娘送到米面瓮，姐姐送了妹妹的命”的忌讳。迎娶时，男方给女方家一只活羊，100个馍馍或糕（也叫“离娘馍馍”），一方猪肉（也叫“离娘肉”）及新娘所需的衣被首饰。新娘起程时，其弟为新郎插锦花、披绿绸，新娘披红绸，由兄长抱入花轿，鸣炮引道，鼓乐随行，陪嫁车辆及花轿压后。行程不走重路。送亲必有一位弟弟相送，叫“压轿”，娶家给了“压轿钱”才下轿。典礼仪式上，新郎新娘拜天地，内容有为新娘开脸、换发型，向天地神位及至亲老人施九叩跪拜礼。到了晚间，有守喜灯、闹洞房、说绕口令之习。新婚第二天要“回门”，即到娘家住一天，然后再回婆家住房七天，再到娘家住八天，这叫“住七住八”。

五原人办丧事也有一套约定俗成的程序：入殓、报丧、吊奠、出殡、安葬、复三、过七等。

# 民间文化

HUASHUONEIMENGGUwuyuanxian

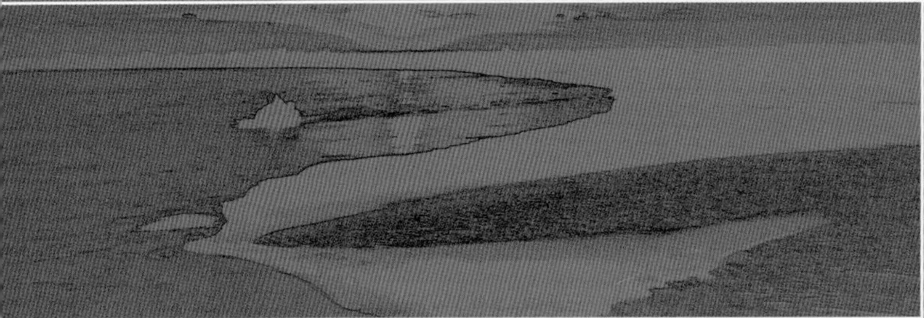

# 民　间　文　化

MINJIANWENHUA

五原地区的民间文化异彩纷呈，有河套山曲儿、歇后语、谚语、民谣、戏曲等，是五原人智慧的结晶，具有鲜明的时代特征。

### 河套山曲儿

新中国成立以前，五原人民在三座大山的压迫下，灾难重重，民不聊生，歌中唱道：

黑圪嗒嗒云彩满山山雾，
满肚肚苦水没处诉。

茅庵房房土炉台，
少吃无燃穷难挨。

流烟炉子塌底锅，
炕头上躺的个病老婆。

前吊羊皮后吊毡，
走路好像簸箕煽。

白天铺黑夜盖，
天阴下雨毛朝外。

端起个饭碗发了个愁，
清汤寡水没一点点油。

灰木头“刮民党”丧良心，
定猛子想起个抓壮丁。

砸开窗子敲开那门，
暖被窝窝揪出来上绑绳。

炸一声洋号排成个队，
嘴里头报数眼流泪。

七期壮丁抓了个净，
孤儿寡母死也没人问。

黑夜躲兵野滩里绕，
五明头钻进个山药窖。

酸菜辣角子拌白糖，
酸甜苦辣都叫我尝。

山曲儿中青年男女追求忠贞的爱情，反抗封建包办婚姻的内容最多，是山曲儿的精华。如：

兰堂圪旦数谁好，
杏花妹妹二旦嫂。

五谷杂粮就数豌豆圆，
人里头挑人就数哥哥全。

马里头挑马一搭手手高，
人里头挑人就数妹妹好。

羊肚肚手中掩眉眉罩，
偷眼眼看哥哥抿嘴嘴笑。

相跟上捣拉相跟上转，
街坊四邻不住气地看。

你有情来我有意，
咱情投意合配夫妻。

吱喽喽听见哥哥唱将来，
热身身爬在个冷窗台。

灰毛驴驮的个灰口袋，
咱们俩个乌兰合少没买卖。

长不过五月短不过个冬，
难活不过个人想人。

荞麦结籽籽菱菱，
你才是亲亲那袭人人。

杨柳树开花飞毛毛，
谈情说爱就在那渠壕壕。

想你想得得了个羊憨憨病，
能吃能喝就是不能动。

想你想得得了个病，
头上板下两个火罐印。

牛耳朵刀刀割韭菜，
慢慢介品你的心好坏。

走也想来坐也捻，
小妹妹搓下一根牵魂线。

你走那天天有些阴，
响雷打闪妹妹不放心。

表现风土人情、婚丧嫁娶、习俗礼仪、交友饮酒等内容的山曲儿有：

要买东西上隆兴长，
要买好马到锦秀堂。

新公中的白菜大佘太的葱，
什巴圪图的烟叶子猫挖心。

喜事红火得没方闹，
烧酒喝到个鸡儿叫。

烧酒喝得你眼发花，
山药蛋认成个哈密瓜。

乌拉山的鸽鸽鸽灰又灰，

打日本哥哥参加了游击队。

新中国成立后，五原人心情舒畅，生活得到改善，生产得到发展。歌唱党，歌唱社会主义，歌唱改革开放和美好生活的山曲儿层出不穷。歌中唱道：

阳婆婆出来满天天红，

共产党是咱们的大救星。

玉茭茭开花一撮撮毛，

你看咱劳动人民有多枭。

不怕贼偷耗子盗，

每天能睡他个通明觉。

天上飘来了五彩云，

改革开放咱不受穷。

山羊绵羊五花花羊，

责任制叫咱们多打粮。

胡麻开花一地地蓝，

富日子越过咱越心宽。

朝阳阳开花点头头笑，

我吱喽喽抖上几段致富调。

## 民间串话

串串话，其特点是生动形象，读起来朗朗上口，充分表现了五原人风趣、诙谐、淳朴的性格。

不怕贼偷耗子盗，顿顿吃饭有人叫，夜夜睡个通明觉。

大红公鸡毛腿腿，自找对象一对对，生活美满一辈辈。

大红公鸡窗台上卧，手拉住亲家炕头上坐，东拉西扯好亲热。

落毛劬瞎眼，火烧半截脸，正经事不干，就会闲游乱窜。

不用吼，不用叫，一眨眼睛就知道。

花椒树上结核桃，不听你那鬼咯嚼。

一个指头戳破天，可把个事情说了个玄。

头等人抽烟无火无烟，二等人抽烟有火无烟，三等人抽烟有火有烟。

恶有恶报，善有善报。要是不报，时辰不到；时辰一到，一切都报。

柳叶眉，杏核眼，樱桃小嘴一点点，元宝耳朵，鸭蛋脸。

香不过个猪肉，亲不过个姑舅。姑舅亲辈辈亲，打断骨头连着筋。

人老了没坐处，猫老了没卧处，皮袄破了没放处。

人老惜子，猫老吃子，庄稼老了打籽，骡子老来无子。

调和怒里气，谨慎喜中言，斟酌最后酒，爱惜有中钱。

四大毒辣：云里的日头，洞里的风，蝎子的尾巴，后娘的心。

四大活跃：空中的鹞子，水中的鱼，十八九的姑娘，二岁子驴。

四大丢脸：坐席吐下，大闺女养

下，借驴死下，戏场打架。

四大难听：磨锅，伐锯，寡妇哭，叫驴吼。

四大缺德：欺负老实人，踹寡妇的门，扒绝户的坟，砸讨吃的盆。

四大日灵：炕小先睡倒，狗咬前头跑，饭少先吃饱，喝肉稀粥浮头舀。

四不中用：瞎子点灯，青石板上栽葱，竹篮篮打水，筛子挡风。

四大窄别：穿小鞋，睡板凳，墙头上耕地，独木桥上行。

省着省着，窟窿等着，七攒攒、八攒攒，劈头敲你一铲铲。

你有上策，我有下策；你有政策，我有对策。

此处不留爷，自有留爷处；处处不留爷，爷爷回家卖豆腐。

人要做恶，不得好活，上房车碾死，牛蹄圪卜水淹死。

亲不亲家乡人，美不美家乡水。

有条件讲究，没条件将就。

有钱的娃娃会说话，没钱的老汉力气大。

有理不在言高，有志不在年高。

早上馒头中午糕，黑夜大米饭拿油炒，看咱这生活烫不烫。

酒有度数，不要人没秤数。

有酒没菜，不算慢待；有菜没酒，扒起就走。

喝酒四大烦：请上不到，到了不喝，喝上不走，走了又来。

撑死胆大的，饿死胆小的；富了投机倒把的，穷了老实巴交的。

说你行你就行不行也行，说不行就不行行也不行——不服不行。

听说要提干，差点儿把官儿的门扛烂。

官官儿不大人年轻，顿顿吃饭有人请。

一挂车车一杆秤，跟上老子“闹革命”，东街买上西街卖，一天赚它几十块。

## 歇后语

歇后语是广泛流传于我国民间的一种口头文学形式，相传甚久。“歇后”一词，最早见于《旧唐书》。唐昭守光化初年（898年）就有了“郑五歇后体”。所谓“郑五歇后体”，是唐代诗人郑綮所作的杂诗。这种诗，诗体很短，不拘泥于格式的束缚，不落格调，用词口语化，随意性强，虽不够庄重，但诗句寓意含蓄、幽默、滑稽、诙谐，使人看后或听后易记、易懂，在内容上多带有对当时的时政和社会丑恶现象的讽刺与嘲弄。郑因此而扬名，较有名气的诗句有“醉翁之意不在酒”“君子之交淡如水”等。

这种“歇后”体形式的杂诗，在悠悠的历史长河中被广泛流传并应用在人们的生活中。经过潜心的改革与蜕变逐渐形成而今体裁完美、颇受群众喜爱的“歇后语”。五原地区的歇后语具有浓郁的生活气息和乡土气息。其中，有许多生动、巧妙的比喻既俏皮又耐人寻味。例如：

狗拿耗子——多管闲事。

荞麦皮打浆糊——不沾（粘）。

猪八戒照镜子——里外不是人。

月地娃娃逮冷糕——狠实（食）。

砂锅子捣蒜——一锤子的买卖。

粪巴牛搬家——滚蛋。

还有很多歇后语充分运用了“幽默”“滑稽”“诙谐”等特有的手法，表现了含蓄的内容，对人们不文明、不道德、损人利己的丑恶现象进行了无情的鞭挞和讽刺。例如：

耗子舔猫蛋——拼上命地溜尻（沟）子。

和尚耍伞——无法（发）无天。

种荞麦上来豌豆——灰得没棱子。

骑着骆驼赶上猪——可把事情做了个苦。

黄鼠狼给鸡拜年——没安好心。

猫哭耗子——假慈悲。

抱着元宝跳井——舍命不舍财。

黄鼠狼下耗子——一窝不如一窝。

酆都城里开会——净鬼。

酆都城里开会——阴魂不散。

耗子挨住板仓睡——一样样的灰脊背。

阎王爷的告示——鬼话连篇。

马下骡子——变种子。

粪巴牛戴花——臭美。

木匠带枷——自作自受。

空着棺材发丧——目（木）中无人。

二大娘开了个煎饼铺——贪（摊）得多。

贾仁的闺女嫁给贾义家了——一窝子假（贾）。

二不溜子榨油——不是那正经仔（籽）儿。

虮子放屁——小气。

哈巴狗撩门帘——露出了蹄蹄爪爪花脸脸。

泥菩萨过河——自身难保。

公鸡踏蛋——强迫手段。

讨吃子的皮袄——色（虱）蛋。

鸭子的爪爪——连手手。

天生属藕的——心眼眼多。

麻子不叫麻子——坑人。

屁股上绑扫帚——后炸。

为人不做亏心事——不怕半夜鬼叫门。

头上害疮脚底流脓——坏透顶。

此外，还有许多经常被五原人挂在口头的歇后语，如：

死鬼要账——活该。

屁股上带个死耗子——假装是个打牲的。

二闷堂（傻子）打鼓——敲不在那点上。

纳鞋不用锥子——针好。

黄瓜打驴——嘎巴脆。

二存钱（鼓匠）的唢呐——一抹三圪节。

三岁娃娃背斗子（当婚介人）——小疾溜溜。

秃子跟上月亮走——沾着名（明）气气。

小葱拌豆腐——一清二白。

王八吃秤砣——铁了心。

擀面杖吹火——一窍不通。

狗戴帽子——装人。

鼻子里插大葱——装相（象）。

锅盖没梁梁——是个拍拍。

隔墙吹喇叭——名（鸣）声在外。

茶壶里煮饺子——肚子里有倒不出来。

枣核儿解板——没几句（锯）。

墙头上耕地——没几厘（犁）。

粪巴牛哭他妈——两面三刀眼摸黑。

趴下屙屎——没劲儿。

珍珠没眼——瞎宝。

瞎子点灯——白费蜡。

庄禾地里耍大刀——吓唬那个割草的。

炉坑旮旯盖房——打下灰底子啦。

抱住香炉打喷嚏——灰至眉毛脚后跟。

秃嘶怪（猫头鹰）落在房檐上——假装是个报喜的。

孔圣人门上卖《百家姓》——可找到个好买主。

大豆面烙烙饼——虚（鼓）不楞腾。

推小车拣了个驴滚肚——有盼（袢）了。

骑着个骆驼拉着个鸡——高的高来低的低。

丫环女儿带钥匙——当家不主事。

秋后的核桃——满人（仁）。

大肚老婆看戏——人里人外都是人。

半夜吃了个烧山药——灰心入肚了。

蛇跑兔窜——各有各的盘算。

骑驴看唱本——走着瞧。

头疼点眼药——去疑心。

庙院里筛灰——糟蹋神神。

背锅子上山——钱（前）短。

脚板子上吊——哄鬼。

货郎子担出他妈来了——货尽了。

狼吃鬼——没影儿。

狗吃刺猬——没法下嘴。

井里的蛤蟆——没见过多大的天。

正月十五贴门神——晚了半个月。

西瓜皮擦屁股——挖抓不清了。（形容没完没了）

公鸡戴嚼子——兜不住。

坐在飞机上吹喇叭——高明（鸣）。

小孩掏鸡笼——笨（奔）蛋。

粪巴牛爬进车渠壕——死也不顾还玩蛋哩。

酆都城里做买卖——和鬼打交道。

诸葛亮吊孝——假慈悲。

铁板上钉钉——硬对硬。

肉包子打狗——有去无回。

拜佛走进吕祖庙——找错门了。

半天云里拍巴掌——高手。

铁公鸡——一毛不拔。

死猪躺在水案上——不怕滚水浇。

秋后的蚂蚱——蹦跶不了几天。

戏子的胡须——假的。

嘴上抹石灰——白吃（白说）。

哑巴吃黄连——有苦说不出。

秃子头上的虱子——明摆着。

自大一点——臭。

西人的镰刀——搅头宽。

牵牛牛开花——步步高。

大闺女坐轿——头一回。

铁路警察——各管一段。

四面打豆腐——八面光。

兔子的尾巴——长不了。

牛皮灯笼——里明外不明。

周瑜打黄盖——一个愿打，一个愿挨。

梁山的军师——无（吴）用。

八仙过海——各显其能。

马尾拴豆腐——没法提。

王八瞅绿豆——点对眼了。

老王卖瓜——自卖自夸。

一张纸糊了个驴头——好大的面子。

门缝缝里瞧人——把人看扁了。

愣腮胡吃麻糖——撕粘不开。

飞蛾扑火——自找死。

千里送鹅毛——礼轻人意重。

竹篮子打水——一场空。

脱了裤子放屁——两岔子。

二两棉花一张弓——细谈（弹）。

鸡子儿掉进油萎里——滑蛋一个。

耗子啃玻璃——吃大劲。

盐店掌柜的——闲（咸）人儿。

借上娃娃过满月——图虚名。

庄户人进城——事眼儿麻林。

麻雀头包饺子——尽嘴。

猫喝烧酒——够呛。

核桃虫挖奔子——微微不动。

懒驴上磨——屎尿多。

临阵磨枪——不快也光。

腿肚子上号脉——不是地方。

张飞吃豆芽——小菜一碟。

锅锅的戴眼镜——找碴儿。

夜猫子进宅——无事不来。

城隍庙里着了火——烧得小鬼抽筋。

公公背上儿媳妇游五台——费力不讨好。

走包头绕石拐子——舍近求远。

外甥打灯笼——照旧（舅）。

卖鞋老婆赤脚跑——顾别人顾不到个人（自己）。

卖豆芽的不拿秤——乱抓。

疥蛤蟆打哈欠——好大的口气。

踢上个飞脚放出个屁——闹对了那个点忽戏。

孙小辫的把戏——全凭那一便（变）。

店里的壁虱——吃客。

大海里翻了豆腐船——浆里来水里去。

粪巴牛钻磨眼——假充大个的黑豆。

铁抓子挖痒痒——一把硬手。

洗脸盆里扎猛子——不知道个深浅。

瓜地里的蛇——绕住个绿圪旦。

潘金莲嫁给个刘罗锅——管他哪朝哪代。

两个钱买个牛蹄蹄——咬筋。

绿豆蝇盯在臭肉上——一心想下蛆。

一根筷子吃藕——挑眼。

墙里的柱子——暗吃劲。

秋后的高粱——红啦。

寇五子背鼓——那是空的。

哑巴吃饺子（扁食）——心中有数。

高射炮打蚊子——大材小用。

一条绳拴两个蚂蚱——跑不了你也蹦不了我。

丈二高的和尚——摸不着头脑。

耗子钻进书箱里——咬文嚼字。

秀才打死个兵——死的不凶报的凶。

老虎戴素珠——假充善人。

太上老君被蛇咬——法尽了。

圪针地里觅毛驴——没有你的个插嘴处。

偷来的锣鼓——敲打不得。

驴粪蛋子——外面光。

土默川的狼——善眉善眼吃人哩。

麻袋里的海红子——遛出来的。

老母猪拱住个萝卜窖——吃惯了甜甜利。

白萝卜扎刀子——不是出血的圪筒。

王八的屁股——规定（龟腚）。

豆腐掉进灰堆里——吹吹不得打打不得。

数九寒天不戴帽子——冻冻（动动）脑子。

坐轿号丧——不识抬举。

杀猪捅屁股——不是地方。

吃了砒信（霜）上吊——紧折腾。

赶着鸭子上架——强人（禽）所难。

二大娘腌咸菜——有言（盐）在先。

玻璃上的苍蝇——眼前光明没出路。

二圪旦压骡子——颤也不颤。

二小子端盘子——忍受不住肉丸子。

二小子放炮——忤念货。

二八月过河——各行各路。

圪溜棍打平地——有一下没一下。

小瓜子垫车——想烂哩。

火烧眉毛——顾眼前。

裤带上打补丁——穷断腰了。

毛驴顶牛——全拿脸扛。

磨道里的驴——听人吆喝。

烟洞上绕手——往黑路上引。

山羊的尾巴——俏（跷）棒。

人家娶媳妇你打幡——专凑热闹。

脖颈上抹猪血——假装挨刀鬼。

嘴怪子（乌鸦）吃它妈——丑名在外。

齉鼻骡子卖了个驴价钱——不值钱就在嘴上。

吊死鬼脱裤子——死不要脸。

大头绵鱼——吃了小眼的亏了。

大雁回家——各顾各（咯儿咕咯儿）。

二小子拉琴——自顾自（滋咕滋）。

二尺布缝了个裤子——当（裆）紧。

飞机上开会——空谈。

粪巴牛搬家——滚蛋。

粪巴牛落在鞭梢子上了——只顾腾云驾雾，忘了死在眼前。

狗逮耗子——多管闲事。

狗啃烂羊皮——乱扯。

黄瓜掖车——想烂了。

哈巴狗断狼——要腿没腿，要嘴没嘴。

哈巴狗戴串铃——没有多大的响器。

海蚌儿过河——假呲。

搂柴火打兔子——捎带着多干点儿。

炉坑里打鼾水——吸灰。（形容很坏）

骡子尿血——绝症。

烂梁马备鞍子——瘦跳。（形容不安分）

摩托车发不着——欠踹。

麻雀耍成鸵鸟了——玩儿大了。

牛皮灯笼——里明外不明。

牛跌进山药窖——有劲使不出。

南天门上栽杨树——擩天擩地的灰圪桩。

鸭子嘴——扁的。

洋鬼子看大戏——傻眼儿了。

猪八戒啃猪蹄——自产自销。

火柴棍上插了个羊粪珠珠——大小是个头头，香臭是个圪旦旦。

## 谚 语

一日之计在于晨，一年之计在于春。

一年打两春，黄土变成金。

籽种好多打粮，籽种不好喝稀汤。

饿死爷爷娘娘，也不能吃了籽籽饷饷。

庄稼一枝花，全凭粪当家。

种地不上粪，等于瞎胡混。

万物土中生。

秋肥压得早，来（明）年苗苗好。

要吃碱地饭，就得拿粪换。

化肥是个宝，种地离不了。

庄稼长得肥，全靠肥水堆。

有收无收在于水，收多收少在于肥。

萝卜白菜葱，全靠粪水攻。

庄稼人不用问，人家做甚咱做甚。

村看村户看户，种田要看科技户。

要想收成年年好，科学种田少不了。

人哄地皮，地哄肚皮。人哄地一年，地哄人三年。

科技走进户，家家致了富。

人勤地生宝，人懒地长草。

秋不翻（地）苗不欢。

三年学个买卖人，一辈子也学不好个庄户人。

小麦种迟不出头，胡麻种迟不出油。

头水晚，二水江，三水洗个脸。（指浇小麦）

立夏不种夏，犟种十天夏。

小满前后，安瓜种豆。

头伏荞麦，二伏菜，三伏蔓菁长得怪。

夏至不种高三黍，还种十天小红糜。

过了闰月年，走马好种田。

吃饭靠牙口，种地靠茬口。

头遍深，二遍通，三遍、四遍把土松。

天旱不忘锄田，雨涝不误浇园。

锄头自带三分水，锄接八遍，八米三糠。

谷锄寸，顶上粪，胡麻圪溜头，锄地如加油。

麦熟一晌，麦子不受中伏气。

一年打两春，黄土变成金。

牛马年，好种田。

八成熟，九成收，十成不收两成丢。

冬闲变冬忙，塑料大棚真叫强。

塑料大棚真不赖，冬天吃上夏天的菜。

使用地膜好，捉苗齐，出苗早。

两头小，吃不了。（指正腊月都是小进，年景好）

九九复一冻，憋烂米面瓮。

九九有风，伏伏有雨。

明冬（至）暗年黑腊八。（指年景好）

立夏不起尘（刮风），起尘活埋人。

一腊三白两树挂（指腊月下雪有树松），庄户人家说大话。（预兆丰年）

雨打惊蛰前，放下生意去种田。

清明黄土刮满渠，秋天糜黍压马驴。

雨洒清明碎纷纷，十分庄稼收九成。

二月清明遍地青，三月清明没一根。

八月十五云遮月，正月十五雪打灯。

八月十五洒一阵，旱到来年五月尽。

重阳（九月九日）至十三，不下一冬干。

开门雨，关门住，关门不住淋死兔。

星星稀，淋死鸡；星星稠，晒死牛。

冬至寒风摇，庄稼水里捞。

星星眨眼，离雨不远。

一场秋雨一场寒，三场秋雨要穿棉。

四月八，冻死黑豆夹。（指气温突降）

东北风，雨祖宗。

四季东风四季下，就怕东风刮不大。

老云接驾，不阴就下。

黑猪过河，大雨滂沱。

开门风，闭门住；闭不住，刮倒树。

九月有风，伏晨有雹。

久晴久旱，雨里带蛋。

云打架，冷子下。

人灰闯乱子，天灰下蛋子。

不怕硬雷响破天，就怕闷雷挤磨眼。

火烧乌云盖，冷蛋子（雹）来得快。

牛跑蹦子羊扎窝，西北乌云下蛋多。

春冻圪梁，秋冻洼。

东降云梁，西降雨。

先下牛毛没大雨，后下牛毛不晴天。

## 俗 语

俗语是民间流传的一种语句，没有固定的规律和模式，是根据社会生活中的一些现象编成的较顺的语句，带有一定的讽刺性和夸张性。

### 新中国成立前的俗语

人穷帽子低，说话没人理。

蛇跑兔窜，各有各的盘算。

东方不亮西方亮，黑了南方有北方。

有耐出在无奈，赤脚板跑到个佘太，瓜皮腌成咸菜，羊皮当成铺盖。

人家青苗在地，我已扬禾了利。

肥了大户，饿死小户，当差出钱的是中户，屯垦队官兵是大肚。

赵半吊子杨猴小（均为土匪），那是一群害人精，又刁又抢又奸淫，十家就有九家空。

卢占魁苏雨生（均为土匪），心狠手毒是恶生，祸害的后大套不安宁。

拉骆驼真受罪，黑夜走白天睡，就怕遇上“独立队”（土匪）。

吹胡子，拍脯子，手里把着酒壶子，眼窝瞪成个椽头子。（形容地主抖威风）

有钱的指嘴，没钱的跑腿。

有钱的娃娃会说话，没钱的老汉力气大。

旱地的葱，财主的心，穷人见了咬牙根。

茅庵房房土炉台，牛粪羊砖当烧柴。

开门七件事，柴米油盐酱醋茶。

嫁鸡随鸡，嫁狗随狗，嫁个扁担扛着走。

不说她姨说她舅，火烧皮条两头就。（指媒婆儿说媒）

天上下雨地下滑，自己跌倒自己爬。

鸡爪黄连苦豆根，苦言苦语苦在心。

多一个朋友多一条路，多一个仇人多一堵墙。

记吃不记打，好了伤疤忘了痛。

死了当官的爹，也不要没了讨吃的娘。

说一千道一万，就是没钱不能干。

都说我是个倒霉精，放屁崩了裤裆，喝冷水塞了牙缝。

财神爷见我跑了，喜神爷见我恼了，丧门神见我好了。

着急吃不上热饭，急老婆嫁不了个好汉。

偷鸡不成蚀把米。狐子没打着，惹下一身骚。

你说你公道，我说我公道，公道不公道，打过颠和倒。

老婆看见人家的好，孩子看见自己的亲。

为人不做亏心事，不怕半夜鬼叫门。

大鱼吃小鱼，小鱼吃虾米，虾米吃紫泥。

是非皆因强开口，祸根多是强出头。

牛皮不是吹的，火车不是推的，泰山不是垒的，良心不是黑的。

圪挤住眼窝瞎胡吹，吹塌扇面子露出鬼像来。

唱戏没嗓子，钉鞋没掌子，打兔子套野鸡没网子。

成全一对对，好活一辈辈。

高高山上一根棍，好活了一阵少一阵。

有眼不识金镶玉，瓷瘤子当成个夜明珠。

## 新中国成立后的俗语

毛主席真英明，他是人民的大救星。

共产党像太阳，照到哪儿哪儿亮。

共产党是爹娘，又分土地又分房。

打倒地主翻了身，光景越过越厚成。

单有单，棉有棉，炕上铺的那二五毡。

白市布衫衫对门门，受苦人也混进了人群群。

三十亩地一头牛，老婆娃娃热炕头。

猪肉烩菜板粉，笼里蒸的那蒸饼。

烙油饼，炒鸡蛋，又好吃又好看。

穿得烂，走得慢，扁食圪旦家常饭。

下挂面，滴鸡蛋，葱油花花满锅窜。

眼大肚子小，顿顿做饭吃不了。

三挖（结婚时要准备手表、自行车、缝纫机这三大件）一出溜（三叠人民币），烧酒（定婚、探话、结婚都要喝烧酒）尽管抖。

早战雄鸡叫，夜战满天星，家家无闲人，锁子圪旦来看门。

老的赛黄忠，小的赛罗成，妇女就像穆桂英，老婆儿胜过佘太君。

黑豆糊糊苦菜汤，拿起个锄头心发慌，想干营生没心肠。

烂车打下一院，乏牛卧下一圈，家具破破烂烂，营生赖着不干，就盼着吃顿饱饭。

## 十一届三中全会以来的俗语

包产到了户，由穷变了富。

人不叫自干哩，小磨子不推自转哩。

大包干就是灵，多种经营聚宝盆。

交够国家的，留下集体的，剩下都是自己的。

大包干真英明，拔掉穷根栽富根。

石头根基砖砌墙，里头又装养成房，玻璃窗子亮堂堂，生活一天比一天强。

收音机换成个电视机，不做针线买成衣。

火车上，汽车下，腰里别着那大哥大，甩开膀子闯天下。

东街买来西街卖，一天挣他个十来块，吆吆喝喝也不赖。

水思源，人思本，吃水不忘淘井人。

众人吃上众人香，一个人吃上烂肚肠。

硬叫他眼流脓，不叫他嘴受穷。

吃上咸盐喝水香，生食肚胀比饿着强。

好事不出门，坏事天下闻。

知冷知热的老婆子，推碾围磨的老骡子。

请人不得不大方，过日子不得不仔细。

利小生意多，坏了行情砸了锅。

两个文明一齐抓，社会主义开红花。

物质文明前头跑，精神文明不可少。

“三个代表”指路灯，照亮全国人民的心。

经济建设插翅膀，全国人民奔小康。

科学技术赛神仙，神舟五号飞上天。

杨利伟天上游，月里嫦娥在招手。

说一千道一万，抓好建设是关键。

## 二人台

二人台是流行于内蒙古西部的一种地方戏曲。它根植于民间，是蒙汉人民共同创造的一种艺术形式，更是五原艺术花园中的一朵奇葩，它以浓郁的地方风情和乡土气息受到各族人民的喜爱。

在长期的发展过程中，二人台在内容和形式上都形成了自己独特的风格。在内容上，二人台绝大多数表现人民群众的生活、生产和思想感情，把生产劳动、男女爱情、社会现象和自然景象紧密结合起来，散发着浓郁的生活气息，展示了庄户人质朴的性格、奔放的激情和鲜明的爱憎，具有强烈的现实主义精神和浪漫主义情调。在表现形式上，二人台分为东西两路。西路二人台主要流传于包头市以西的河套地区，在形成过程中，吸收了山西、陕北以及中原地区的民间音乐的精华，同时融合了内蒙古西部的蒙古族音乐。因此，其表演风格、音乐旋律、演奏和唱腔都具有漫瀚调的成分，是一种以西部地区蒙汉民歌为基础发展起来的独特的地方剧种。

早在清朝年间，五原就有职业二人台戏班活动。它“土生土长土里料，土言土语土腔调”，许多人“自小爱唱二人台，赤屌子唱到头发白”。二人台剧目繁多，有人将其编成顺口溜，在民间广为流传。主要曲目有《二人台剧目》《走西口》《打金钱》《听房》《吃醋》《扇子计》《二姑娘得病》《要女婿》《听更》《探病》《茶瓶计》《撑船》《爬楼》《梅玉配》《采青》《娶妻》《烟花女》《妓女告状》《三国题》《尼姑思凡》《进兰房》《光棍哭妻》《跳粉墙》

《十杯酒》《聘姑娘》《祝英台下山》《探情郎》《偷红鞋》《扮红娘》《红云》《庆寿》《叫大娘》《绣荷包》《绣麒麟》《阿拉奔花》《放风筝》《十里坡》《十里墩》《老少换妻》《报花名》《十嫌》《十爱》《玉美人》《西厢》《张生戏莺莺》《五哥放羊》《揽长工》《刘三刁人》《抓壮丁》《五月散花》《刮大风》《小寡妇上坟》《惊五更》《走西口》《送回门》《钉缸》《卖碗》《大观灯》《顶灯》《怀胎》《打连成》《牧牛》《挂红灯》《栽柳树》《打后套》《摘棉花》《打樱桃》《画扇面》《洛阳桥》《风搅雪》《闹元宵》《割韭菜》《压糕面》《方四姐》《种洋烟》《打金钱》《打秋千》《十叹》《珍珠倒卷帘》《十对花》《海莲花》《撇白菜》《瞎妈妈》《借冠子》《转山头》《挑菜》《水刮西包头》等。

# 村落故事

HUASHUONEIMENGGUwuyuanxian

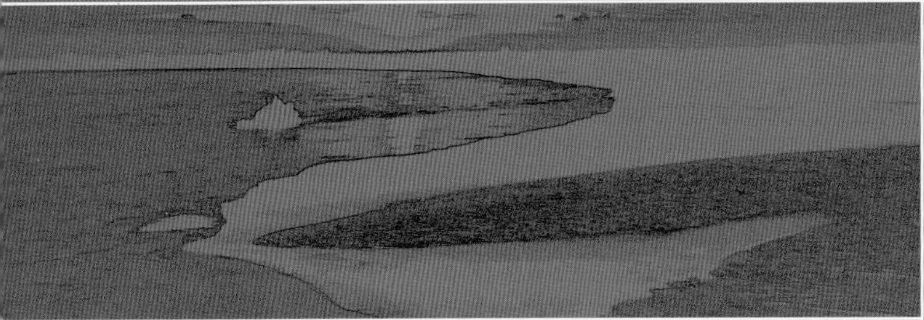

# 村落故事

CUNLUOGUSHI

河套的地名很有意思，翻开地图到处都是圪旦、圪梁、圪堵、圪卜等。当然，也不只这些，还有以职业命名的，以人名命名的，以地貌特征、商业字号、家族姓氏、自然景观等命名的。

## 邬家地

光绪十二年（1886年），山西省河曲县五花城邬贵生、邬银岁兄弟为了谋生走西口来到此地。他们吃苦肯干，开荒地，养牛羊，很快生活得到了改善。随后很多邬姓家族的人慕名而来，和他们一起辛勤耕作，渐渐地这里便形成了村落。邬氏这种肯吃苦、重情义、以德服人的精神，吸引了很多走西口及周边的人前来投奔，人们对他们尊敬有加，因此将此地命名为“邬家地”。

## 史六贵圪旦

史天德，小名六贵，1921年来到此地。他不惜力，肯吃苦，带着家小与兄弟开垦荒地、发展养殖，成为当地有名的大地商。他乐善好施，开设老人院，养活孤寡老人，供其安度晚年；他处处为长工着想，为长工张明、尚山锁等人娶妻……成为当时人尽皆知的大善人、大地商。当地村民感动于他的所作所为，将此地命名为“史六贵圪旦”（“圪旦”在河套方言中指凸出的高地）。

## 拆凑圪旦

1940年，陕西省府谷县刘兔带着家小走西口来到此地。他在这里开垦荒地、招收长工，成为一个小有名气的地商。后来家乡的同族亲戚纷纷慕名而来，这里便逐渐形成了村落。他们重情义，吸引很多异姓家族到此定居，和他们相伴为邻，互助互敬。用河套话讲他们是“拆凑”在一起的，从而命名此地为“拆凑圪旦”。

## 三豹圪卜

1924年，三豹带着家人来到此地垦荒种植。那时这里荒无人烟，到处是芦苇林，而且土地盐碱化十分严重。三豹及其家人在此开荒，改造土地。那时候条件不好，干活全凭人担马驮。但功夫不负有心人，经过三豹一家的努力，土地改造初见成效，三豹一家的生活也渐渐好转。随后，陆续有外人来到这里，逐渐形成村落。由于这里地势低洼（河套方言中“圪卜”意为“低洼地”），此地便被命名为“三豹圪卜”。

### 乌兰木图

清朝末年，过着游牧生活的蒙古人来到此地放牧，当时这里有成片的红柳滩，因此蒙古人将此地称为“乌兰木图”，意为“红色的树林”。

1925年前后，山东客商姜汉山雇用长工在这里开荒垦田，发展农业，牧民则逐渐迁移到水草丰美的黄河边上。1929年，乌兰木图发生了灾荒，老百姓没吃没喝，姜汉山在春季发放早熟的豌豆给老百姓充饥，在炎夏为老百姓提供绿豆稀饭，深得人心。

### 樊旺圪旦

樊旺祖籍山西省偏关县，1936年来到此地。

樊旺性格豪爽，为人仗义，乐善好施，邻里间有事必帮。年关时节，他还给穷苦人提供油糕和其他食物。有的人平日里受过他的恩惠不好意思来取，樊旺就派人送去，所以他在当地有很高的威望。

他的一生有很多义举，得到了乡亲们的好评，慢慢地，村名就演变为“樊旺圪旦”。

### 大聚财圪旦

光绪年间，吕巨才随父母徒步从陕西省河曲县来到了后套。他们向当地的地商买土地和牛羊，来经营一家人的生活。随着时光的流逝，他长大成人，娶了当地人为妻，日子也越过越红火。后来，来这里的人越来越多，吕巨才就组织大家开渠、修路，日子过得一天比一天好，乡亲们将这个渠称作“大聚财渠”，村子叫作“大聚财圪旦”（取“巨才”之名，寓“聚财”之意）。

### 金先生圪旦

清朝晚期，有位金姓教书先生在此地落户，周边的村民都送孩子来这里接受启蒙教育。这位金先生还精通医道，且为人慷慨，医治了很多穷苦的百姓，久而久之，周围的人就把这里叫作“金先生圪旦”。金先生圪旦的故事有很多，其中最具传奇色彩的就是“大二老虎”的故事。

### 老姑圪台

老姑圪台位于五原县城东约30里。据当地的老人讲，很久以前，这里荒无人烟，杂草丛生。那时，一个蒙古族尼姑来到这里居住下来。后来这里又陆续迁来一些人，逐渐形成村落。因是蒙古族尼姑最先来到这个地方，所以后人便以“老姑圪台”命名这个村落（“圪台”在河套方言中指“较高的平地”）。

1974年，李贵来老姑圪台蹲点，那时，这里是一片白茫茫的盐碱地。由于土地盐碱化严重，收成少，所以这里的人们编了一句顺口溜：“一亩收成四分半，镶边秃子真难看。”李贵看到这种情形，下决心治理好这里的盐碱化问题。他首先采取浇冬水的措施压碱，然后广积肥。他调用汽车去拉煤肥，用生产队的大胶车拉羊粪，还每天早上担着桶到各家各户去收尿。

为了更有效地治理盐碱地，李贵作出了一个重大决定——开挖总排干。如今为了发扬李贵精神，和胜乡在此地修建了“李贵蹲点纪念室”。

## 义贞吉

120多年前，一个白姓生意人在隆兴长（今隆兴昌镇）开设了义贞吉商号，他每三年来此地结一次账。后来，他的儿子长大成人，来到此地接管生意。

他勤劳苦干，还在这里开荒地，养牲畜。他对老百姓比较宽厚，所以来他这里租地的、租房的、打工的人越来越多。时间长了，在当地老百姓中形成了共识：“买油的到什么地方买？到义贞吉买油”“打工的到哪里打工？到义贞吉干活”“种的地是谁的？我租的是义贞吉的地”。到后来，一代一代传下来，人们口中的“义贞吉”就变成了地名。

## 刘宝公中

清朝年间，刘宝骑马经过此地时巧遇一奇事——蛇盘兔。根据“蛇盘兔，必定富”的民间说法，他认定此地为风水宝地，于是刘宝迁入此地居住。后来刘家逐步发展成为此地的大户，其他刘姓本族的人和走西口的人逐渐迁入，便形成了村落，他们将此地命名为“刘宝公中”。

## 夹道子

民国年间，王同春开挖老郭渠（现在的通济渠）后，当地三家富户（蔺家、赵家、白家）又自筹资金合伙开挖三成渠(老郭渠支流），后因水利条件成熟，又开挖了人字渠。当时赵家和部分农户居住在三成渠和人字渠的中间，属两渠相夹之处，故当地人称此地为“夹道子”。

**蔡家地**

清末民初时期，有一户蔡姓人家受生活所迫，搬迁到此开荒种地，并逐步把周围的土地开垦成农

美林葵海　李春梅／摄

田。由于村里人蔡姓人居多就命名此地为“蔡家地”。此地曾有一座河神庙，每年都有放河灯祭河神活动，后被毁。

### 德厚成

晚清时期，一孟姓人在此落脚，开店经商，门口书一副对联："店小诚信为德，业微厚福民生"，横批"德厚成"。为求事业兴旺，他取"厚德载物"为经商宗旨，寓意"以德为先，以诚为本，厚德为业"。随着时间的流逝，"德厚成"商号无存，但作为村名流传了下来。历经百年，德厚成修德重情、友善为人、忠诚厚道、诚信做人的村风历久弥新。

### 庙　壕

"庙壕"村名的由来得从一个美丽的传说说起。据说在很久以前，一位郭姓商人骑马去隆兴长（今隆兴昌镇）途中一条蛇突然立于他的马前，郭问："吃我，还是修行？如若吃我，请便；如若修行，请前行带路。"蛇听后转身前行，至一片芨芨草草地突然消失。郭姓商人不知其去向，大声喊道："老先生，请现身！"蛇随即现身，郭姓商人遂在蛇现身之处留下记号，第二天即来此处建庙，命名为"五龙寺"。因庙建在一天然壕前，取"前有庙，后有壕"之意，将此地命名为"庙壕"。

### 刀老召

"刀老召"是蒙古语，"刀老"是"七"的意思，"召"指召庙。早在200年前，蒙古族牧民就在此地居住。相传当时该地建有一座召庙，和相邻的西小召、乃马召等召庙组成召庙组合，此地排在第七位，所以被称为刀老召。刀老召庙宇虽已消失，但作为地名一直沿用至今。

### 良忱乡

良忱乡位于塔尔湖镇西南6.35公里处。1932年，绥区屯垦队陆续进驻垦区。四一〇团一营驻于此地，营长系山西省山阴县刘良忱，故而便命名此地为"良忱乡"。屯垦队进驻之后，修建营房，建设炮台（现依稀可见），使这里形成了城市雏形。进驻初期，屯垦队平息匪患、发展生产、绿化造林、兴修水利。"文革"时期，红卫兵将此地改名为"红卫村"，后为纪念在忻口战役中为国捐躯的刘良忱，将此地复称为"良忱乡"。

### 大白彦儿

"大白彦儿"是蒙古语，是"喜"的意思。

过去有一对蒙古族兄弟来到后套，二人吃尽干粮，又与当地人语言不通，无奈之际恰遇好心人收留。二人对好心人的救济有感恩之心，便商量留下来帮好心人干农活。兄弟俩年轻力壮，凭借一身力气和平易近人的性格得到了村民的好评。随着时光的推移，好心人犯愁了：总不能让他们一直住在自己家中。他便找一块儿空地，搭起了简易蒙古包供二人居住。随着兄弟俩年纪渐长，尤其是哥哥已经到了谈婚论嫁的年龄，好心人又发愁了：这兄弟两个住一起，给介绍个姑娘也没法住。这时，弟弟看出了好心人的困惑，便与好心人借了些财物单立门户。随着子女的增多，兄弟俩在自己家周围不断建房子，形成了村落。现在大白彦儿的蒙古人多为兄弟俩的后代，继承了他们正直、勤劳、智慧的优良品质。

### 拉僧庙

拉僧庙位于塔尔湖镇北5.58公里处。拉僧庙建于清康熙二十一年（1682年）。康熙三十三年（1694年），西藏拉僧喇嘛来此庙担任住持，因而这座庙被称为“拉僧庙”。盛时，这里有600多位喇嘛。“文革”时期，拉僧庙被破坏，后被修复。

### 画匠圪堵

此地原有一个姓白的画匠，靠卖一些字画为生。随着人口的增多，人们陆续建起了土房，白画匠就给村民的居室画一些简单的装饰维持生计。那时的土房十分简陋，人们通常用泥巴抹一下土墙，然后再用煮米和煮面的汤来刷一下墙就可以了。白画匠就在这光滑的土墙上画一些动物、花鸟进行装饰。由于白画匠为人随和，画艺亦能满足人们的需求，知名度越来越高，于是，人们就将这里叫作“画匠圪堵”（“圪堵”在河套方言中指“较高且呈长方形的地势”）。

### 乃马召

此地原名“三和长”，得名于三个合股在此做买卖的家族。清朝末年，这附近居住着很多蒙古人，为了方便此地群众举行祭拜活动，当地人在这里建了一座蒙古召。因这座召庙在当地排序第八，所以此庙被称为“乃马召”（意为“第八个召”）。随着香火渐旺，乃马召渐成地名。

### 五份桥

五份桥是五陕公路跨越丰济渠的一座桥梁。王同春修渠垦地时划分了若干份子地，这里是第五份子地，所以架桥之后这里就被称为“五份桥”。

桥东有土筑古城残迹。古城呈长方形，东西长1000米，南北宽700米，残墙高2米，基宽8米，墙坍塌形成土垄。古城内还发现了汉五铢钱、铜带钩、铭文砖。古城东南部为冶炼场地和陶窑遗址。古城北、西两面地下多处有汉砖出土。1950年前，古城址内房基比较清楚，当地老人便将古城北部称为“北关”，将西部称为“西关”。

## 蛇林图

过去，此地水草丰美，是游牧民族的理想栖居地。这里有一望无际的芨芨林，野生动物随处可见。这里经常有蛇出没，人们认为蛇是极具灵性的动物，便认为此地是宝地，所以命名为“蛇林图”。随着人口的增加，蛇林图就演变为村名。还有人认为“蛇林”是蒙古语“锡热”（意为“桌子形状”）的音译，因此村原有一块形似桌子的地而得名。

## 宝格岱庙

此地是蒙汉聚居和睦相处的一个村落，因百年古刹宝格岱庙而得名，更因供养了十四世岱庆活佛而远近闻名。村子沿海子而建，这个海子当地人称之为“庙海子”，蒙古语称“索木伊泊尔洞”，是宝格岱庙另一个活佛冬克尔溺水身亡的地方。

宝格岱庙初建于清康熙四十六年（1707年），相传系藏传佛教格鲁派的分支，奉班禅额尔德尼为宗教领袖。宝格岱庙大殿供奉的就是被格鲁派追封为一世班禅的宗喀巴。

宝格岱庙于1992年重建。

## 广和泉

民国年间，一户陈姓兄弟四人搬迁到此地做生意。后来，兄弟四人在这个地方各买了一块地建商号，老大在西，商号命名为广和西；老二在东，商号命名为广和成；老三在当地设商号，取名广和泉；老四在隆兴长南，商号命名为广和占。“广和泉”商号生意兴隆，人们便把商号用作村名。

## 锦秀堂

陈锦秀也叫陈四，河南省滑县人，同治四年(1865年)随左宗棠经五原至宁夏平定马化龙起义。光绪六年（1880年），他约一起当兵的几个人落脚于较早来套的同族家中。

清政府因其参战有功，便协调理藩院、绥远将军在黄河北岸给陈四拨了一方土地。陈四在此建立牛犋（行政区划），开垦土地，建宅院，并将此地命名为“锦秀堂”。

## 移民新村

1936年，黄河决口，河水泛滥，河南濮阳、东明、长垣等县哀鸿遍野，民不聊生。国民党军官段绳武动员灾民到后套谋生，并在这里建立了三个移民新村，北村称“明轩村”，中间的称“仰之村”，南村称“幼青村”，三个村合称“移民新村”。

# 古郡风采

HUASHUONEIMENGGUwuyuanxian

# 古 郡 风 采

G U J U N F E N G C A I

五原人秉承自强不息的精神建设自己的家园，使城市面貌呈现出历史与现代融合发展的时代风采。

## 五原县博物馆

五原县博物馆坐落在葵花广场东侧，建于2006年，于次年8月建成并对外开放。该馆占地1万余平方米，共四层，第二层为展区，面积2500平方米。展区分六个部分、十三个展厅，从旧石器时代开始"讲述"五原的历史，包括秦汉时期的徙边垦屯、明清时期的农耕开发、近代史上的五原誓师、五原抗日战役等历史事件，及新中国成立以来，特别是改革开放40余年五原的城乡发展与变化。

该馆为国家AAA级旅游景点，先后被评自治区爱国主义和国防教育基地、国家侨联爱国主义教育基地、巴彦淖尔市文明单位和道德大讲堂。

五原县博物馆

## 五原抗日战争纪念园

五原抗日战争纪念园位于隆兴昌镇北郊，占地100余亩。这里长眠着在五原抗日战役中英勇献身的679位英烈。

2005年，中共五原县委、五原县人民政府决定在原址恢复修葺抗日烈士陵园。工程于当年9月18日开工，2007年8月5日竣工。陵园主体建筑有牌楼、纪念碑、烈士铭录纪念墙、墓冢和纪念园展厅。纪念园对外开放以来，每年接待国内外凭吊者数万人，被评为国家AA级旅游景点、国家重点文物保护单位、自治区重点文物保护单位、自治区国防教育基地和爱国主义教育示范基地。

## 冯玉祥五原誓师纪念广场

1926年9月17日，从苏联回国的冯玉祥，与旧部在五原会合。当时，北伐战争风起云涌，冯玉祥率众在五原举行誓师，投身到北伐的洪流之中。这一震惊中外的壮举，对中国革命产生了重大影响，也让五原这个塞外古镇名扬华夏。2006年，时值冯玉祥五原誓师80周年，中共五原县委、五原县人民政府修建了冯玉祥五原誓师纪念广场。广场由休闲广场、景观桥和誓师台三部分组成，誓师台耸立着“五原誓师”的三人雕像，还刻录了誓师的背景及影响。这里，既是接受革命历史教育的场所之一，也是休闲、旅游的必到之所。

五原抗日战争纪念园

冯玉祥五原誓师纪念广场

## 四大股普济寺

四大股普济寺是在原四大股庙的基础上修建的。

早年，王同春与其他三人合股修成四大股渠，让这里的百姓年年丰收、岁岁有余。1872年，合股的四家地商及租地百姓，共同出资修建了四大股庙。1902年，王同春出资重修庙宇，扩其规模，使之成为套内最大的佛教寺庙。后来，四大股庙逐渐衰落。

2008年，在四大股庙原址修建普济寺。新建的普济寺，仿其旧制，大为扩建。

四大股普济寺

## 塔尔湖休闲度假村

塔尔湖位于五原县城西38公里处，这里水域大、沙丘多、树木多，土地肥沃、产出丰富。休闲度假村距塔尔湖镇3公里，这里以水为美，南有沙丘，北有拉僧庙，紧临公路。经过多年的精心打造，度假村的水上乐园已基本成形，还建了宾馆、饭店、休闲别墅等配套设施及水上游乐设施。

## 联丰五组农家乐

联丰五组位于五原县城西2公里处，近年来重点发展无公害蔬菜种植、高效温室大棚建设，目前建有大棚86栋，主要种植油桃、毛桃、西瓜、葡萄、甜瓜、黄柿子、红柿子、草莓及各种时令蔬菜。联丰五组建有占地1300平方米的“农家乐”餐厅，可同时容纳300多人就餐。2012年6月，联丰五组“农家乐”正式开业，成为各方游人休闲娱乐的理想去处。

## 义长绿色田园

义长绿色田园位于沙河渠郝进桥南100米处，是集种植、养殖、餐饮、住宿、娱乐、旅游于一体的规模化经营实体。该园占地6600平方米，建筑面积1200平方米，依渠傍水，交通便利。这里渠水潺潺，树影婆娑，是休闲度假的不二选择。

## 巴美湿地公园

巴美湿地公园位于五原县塔尔湖镇北侧，是集工厂化肉羊养殖观光、农业观光、湖区娱乐于一体的

葵花广场

综合性园区。巴美湿地公园占地655公顷，其中水域面积396公顷，以展示湿地生态功能为宗旨，以体现现代养殖文化、传统农耕文化和水上娱乐为特征。进入湿地，游客可绕湖游玩、沙上嬉戏、水上泛舟、品尝美食，别有一番情趣。

### 葵花广场

葵花广场坐落在五原县党政综合办公大楼南，世纪大道北，东面是五原县博物馆，西侧是鸿珠大厦。广场占地17.8万平方米，是集休闲、健身、娱乐、集会于一体的综合性、开放式大型广场。广场中央的《葵花神韵》主题雕塑高16米，宽22米，采用光电高新技术打造而成，可随太阳自动旋转。广场周围的灯光也均以葵花造型为主，突显了“葵花”这一主题。

### 拉僧庙

拉僧庙位于塔尔湖镇北，全称满巴拉僧庙，系藏语，意为“医方明经院”。拉僧庙建于清康熙二十一年（1682年）。康熙三十三年（1694年），西藏喇嘛拉僧来庙住持，故称拉僧庙。该庙建有一座约160平方米的大雄宝殿，东西配殿

拉僧庙

各一座，另有后殿和偏殿数座，喇嘛住房60余间，建筑宏伟壮观，居

五原县召庙之首，盛时有喇嘛600多人。“文革”期间，庙宇全部被拆毁。如今的拉僧庙是在原址上重修而成的，规模虽不及从前，但基本恢复了昔日的风采。

## 河神公园

五原位于河套腹地，是河套农耕文化的核心区。自秦汉始就有军队在此耕作，明清至民初，这里修渠引水，农业兴起。河神，是保佑古代河套人的神祇，更是当代河套人勇往直前的精神动力。

河神公园占地12公顷，园内绿树成荫、花香四溢，与文物、名人雕塑、亭台水榭交相辉映，是居民良好的休闲娱乐场所，也是游客的必到之处。

## 隆兴湖

隆兴湖位于五原县城西南4公里的国道110线和省道212线交汇处，占地50公顷，其中水域面积31公顷。隆兴湖秉承生态、文化、休闲、宜人的理念，以保护生态环境为前提，主打“水”“绿”“文化”三张牌。在湖的东北部，也就是国省道的交汇处，有一座占地1600平方米、主体高30米的标志性雕塑——和谐阙，用来彰显五原的悠久历史、灿烂文化和开放、包容、和谐、进取的精神风貌。

隆兴湖风光

### 古郡湖

古郡湖位于五原县城西，义和渠东的国道110线两侧，占地400公顷，有南北两个湖区，水域面积共270公顷。

在湖区北侧，沿义和渠打造了3.8公里长的湿地公园景观水系，与县城中轴线北端的冯玉祥

古郡湖夜景

五原誓师纪念广场组成一体。在南侧湖区，还设计建造了古朴庄重、具有汉代建筑风格的鸿雁科普教育展示区。

## 万亩现代农业示范园

五原万亩现代农业示范园位于县城西的八里桥附近，建设面积1.1万亩，按照“四区一线”进行规划布局。一区以民隆现代农业科技园为核心，该园以温室种植为特色，占地2800亩，全面展示现代农业种

万亩现代农业示范园

植的流程与成果；二区占地3400亩，是新农村建设成果展示区；三区占地800亩，以八里桥农贸批发市场为中心，是瓜果蔬菜的批发物流汇集区；四区占地400亩，是高新产业菜博园。“一线”，就是生态旅游观光线。

## 河套农耕文化博览苑

五原县河套农耕文化博览苑位于县城西南的国道110线和省道212线交叉处，东与古郡湖相连，西与隆兴湖隔路相望，北依八里桥农贸市场。苑内建有五原县河套农耕博物馆，该馆展示了五原地区有史以来，特别是西汉以来的重大事件、风云人物、农耕发展、社会变迁、时代风采、地方特产、民风民

河套农耕文化博览苑

俗等。博物馆以农耕文化为展览脉络，集历史、人文、科普、教育、趣味于一体。在它的东侧有河套民俗文化村、宇鑫水上大世界。进入苑内，处处皆景，让人流连忘返。

### 体育生态公园

五原县体育生态公园是城区居民休闲健身、娱乐的又一选择。它东临兴原路，南接滨河路，西靠冯玉祥路，北依中原三路，占地近2万平方米，东西长526米，南北宽348米。公园四周绿树环绕，园内建有篮球场、排球场、环形跑道、沙滩、假山，还配备了健身器材。

体育生态公园

# 地方美食

HUASHUONEIMENGGUwuyuanxian

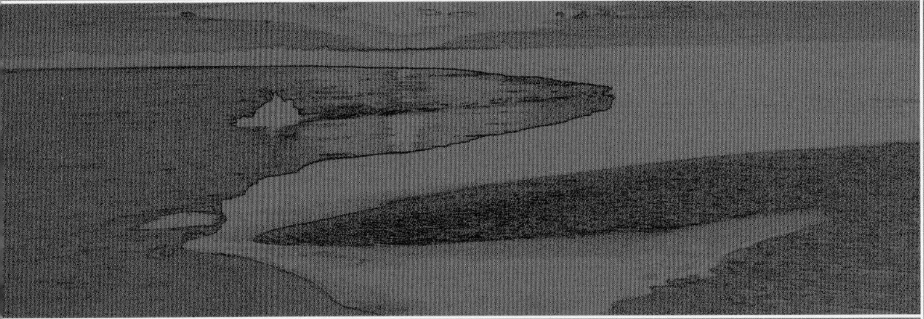

# 地方美食

D I F A N G M E I S H I

五原的地方美食主要有黄柿子、“灯笼红”香瓜、红腌菜、焖面、猪肉烩酸菜、面精、羊杂碎、硬四盘、油糕、酸粥等。

## 黄柿子

黄柿子是五原的特色产品，年种植面积3000余亩，主要集中在胜丰镇和隆兴昌镇。受大气、土壤、水质均无污染及昼夜温差大等因素影响，这里的黄柿子口感好、营养丰富，为农产品地理标志产品。

据《内蒙古自治区农作物种子志》记载，1936年西红柿传入内蒙古。20世纪60～70年代，五原开始种植黄柿子，因其颜色金黄，肉质沙甜、口感好、营养丰富，受到广大消费者的青睐，乃至发展为有较强影响力的地方特色农产品。

黄柿子属茄科番茄属，均重200～250g，经检测，其水分含量达93.7%，碳水化合物含量达3.9%，维生素C含量为24.7mg/100g。黄柿子个

黄柿子

大肉厚、沙甜可口，是待客送礼的上等佳品。

### "灯笼红"香瓜

"灯笼红"香瓜因其外形酷似灯笼，成熟后瓜子瓤呈红色而得名。其种植区域集中在五原的胜丰镇和隆兴昌镇，面积约3000亩。

"灯笼红"香瓜

五原从20世纪80年代开始种植"灯笼红"香瓜，因其皮薄肉厚、香脆爽甜、营养丰富、香味扑鼻等特点，被称为"藏不住的香瓜"。

"灯笼红"香瓜均重400g左右，果皮呈灰绿色，瓜瓤呈红色。

### 红腌菜

红腌菜是五原的传统食品，既可佐餐，又是可口的休闲食品。红腌菜以蔓菁为原料，用农家土法腌制：先将蔓菁切成条状，再用醋、辣子、酱油煮制后晾晒而成。红腌菜色泽红润、口感软绵、酸咸带辣，是五原人四季不可或缺的美味小吃。

### 腌猪肉炒山药芥芥

腌猪肉是五原农家贮藏猪肉的独特方法，可历经三夏而不坏。腌制时，先将猪肉切成小块，放在大锅里熬油，熬干水汽后肉里的油便全出来了。在炼肉过程中，加适量的盐，最后油肉混装贮入瓷罐罐中。用腌猪肉炒山药芥芥（土豆丝），是过去五原人青黄不接时期的上等好菜。

### 后套焖面

后套焖面因油多、肉大、味重、耐饥、长力气，成为五原人喜欢的食物。焖面的做法是：在做烩菜的基础上，把切短、偏硬的手擀面条覆在土豆和肉上，半焖半煮，水干面熟后，把肉、菜和面条调拌到一起即成。焖面看重口味的融合，即调味料和肉菜味全都渗入面里。一般情况下，吃焖面的时候，人的饭量总会增加。

### 猪肉烩酸菜

每年10月，五原人都要腌制酸白菜。将大白菜放入瓮中，放一层白菜撒一层盐，然后在最上层压上石头，半个月左右待白菜中的水分挤出，白菜即变成酸白菜了。

制作猪肉烩酸菜时，先将猪肉切片放入锅内，爆炒至油出肉黄时，加入大料、花椒、葱段、蒜片等佐料和土豆块，翻炒几次，再将洗净切碎的酸白菜放入锅内翻炒几分钟，再加入适量的水，盖上锅盖焖熟即可。

猪肉烩酸菜的特点是，经济实惠、营养丰富，而且这道菜里的猪肉肥而不腻，酸菜也清爽可口。

## 面 筋

河套地区生产的小麦面粉筋度高，所制成的面筋也深受河套人的喜爱，成为一种特色小吃。制作面筋时，先在面粉中掺和适量的碱面，用温水调成硬性面团，揉搓到

面筋

面团揉匀光滑时，再放入盆中用凉水连续揉洗（洗去淀粉），直到把面团洗成蜂窝状的软胶体为止。这种软胶体蒸熟后就是面筋。另一种做法是把面糊舀入特制的铁盘中，用水煮熟，最后将面筋从盘中剥离下来。前者为蒸法，后者为馏法。蒸的面筋色褐沉着，浑厚肥大；馏的面筋色黄发亮，薄细柔嫩。

一碗黄亮透明的面筋，加上辣椒油、盐、酱油、蒜泥、芥末、香醋、芝麻酱等调料，就变成了色艳味美、油浓汁足、凉爽利口、喷香解暑的小吃。

## 羊杂碎

羊杂碎自问世之日起，一直颇受广大人民的喜爱。因为它不仅鲜美适口，还是滋补妙品。

羊杂碎

其做法是先用大火将羊头、羊蹄的残毛烧尽，再翻去羊肠、羊肚的残渣。将上述材料洗净后拆去骨头，分别切成条或段，连同羊心、羊肝等一起下锅煮熟。然后，将切好的各种熟料放在羊肉汤里略煮片刻，撒上蒜苗、香菜，滴上红油即可。

## 硬四盘

在河套，“硬四盘”是红白事宴、过年待客的必备佳肴。这种习俗源于何时现已无法考究，但在清代就享有盛名却是不争的事实。五原也保留了这一习俗。

硬四盘，是在红烧扒肉条、酥鸡、清蒸羊肉、牛肉丸子四道菜上，加鸡蛋、淀粉、葱、蒜和盐等十余种调味品，经煮、炸等七八道工序制成。然而，加多少辅料、何时加，是河套硬四盘的关键技术。硬四盘中的红烧扒肉条肥而不腻、

肉味浓郁、软滑适口，酥鸡外酥里嫩、香气扑鼻、咸鲜适口，清蒸羊肉清香爽口、味道鲜美，牛肉丸子色泽金黄、鲜美糯嫩。

## 油 糕

五原的“饭之美者”就数油炸糕，也称油糕。油糕的原料是黍米面，做法是先蒸后炸，炸时要用胡麻油。油糕是五原人最好的待客饭食，吃时可蘸上白糖或就上粉汤。因“糕”与“高”同音，寓意很好，故而大小宴会都不能少了它。不经油炸的软糕，被称为素糕。吃素糕时，配上炖鸡肉，被称为“素糕蘸鸡”，也是一道美食。爬山调唱到：“长溜溜的豆面，软溜溜的糕，你看咱们的生活袅不袅。”还有“猪肉烩菜粉条子，馒头圪旦糕挠子”的说法。

油糕的制作工艺比较繁杂，要经过淘黄米、磨糕面、蒸糕、捏糕、炸糕等工序。油糕有加红豆馅的，也有不加馅的。河套有一句俗话：“办事宴的早餐要吃好，羊肉粉汤软油糕。软溜溜的油糕胡麻油炸，人人吃了人人夸。”

油糕

## 酸 粥

河套地区过去广种糜子，糜米酸粥成为河套人的主食。先把糜米汁盛于罐中，待其发酵变酸后，再放入糜米。炊时将罐中酸糜米捞于锅里，焖至半熟，取汁不尽则成粥，取汁尽则成焖饭，也称捞饭。此饭米粒金黄澄亮，筋软滑溜，酸香顺口，有调味、止渴、生津、消暑、开胃和泻火的功效。糜米酸粥

酸粥

有多种吃法，可放胡麻盐，可放油炸辣子，还有的做成炒酸粥。

酸粥与河套人情缘颇深，俗话说：“酸不过个江米罐罐，亲不过个老婆汉汉。”

# 特色产品

HUASHUONEIMENGGUwuyuanxian

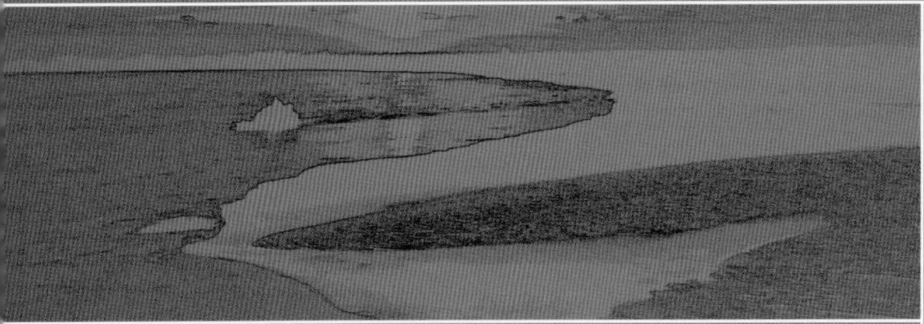

# 特色产品

T E S E C H A N P I N

五原地处亚洲最大的黄河一首制自流灌溉区——河套平原腹地，位于“八百里河套米粮川”的核心区域，光、热、水、土资源丰富，大气、土壤、灌溉水综合指数均达到国家二级清洁标准以上。优秀的自然资源孕育了独具特色的农副产品。

## 名扬天下的葵花籽

五原耕地面积230万亩，其中葵花种植面积达120万亩，葵花籽年产量25万吨，总产值20多亿元，是名副其实的葵花第一县，也是五原农民增收的主要来源。

五原鸿鼎农贸市场是自治区西部最大的以葵花籽交易为主的农产品交易中心，年交易额36亿元，是全国葵花籽价格的形成中心。同

花海牧羊　柳志福／摄

我的眼里只有你 张继伟／摄

时，渤海商品交易所五原葵花籽交易中心已成为我国最大的葵花籽电子交易平台。

在大力发展葵花产业的基础上，五原着力打造葵花产业文化，以葵博园为基础，建设葵花文化广场，推出一批葵花文化品牌，还开发了葵海游、农家乐等旅游品牌项目。

## 品质优良的小麦

河套小麦是河套优质小麦的统称。地处河套平原核心区域的五原，是河套小麦的主产地。五原具有昼夜温差大、光照时间长、无霜期长等优势，出产的小麦品质优良，现已成为国家和自治区重要的绿色农畜产品生产基地。

小麦是五原的主要粮食作物，近年来受比较效益低、灌溉用水不及时、种粮补贴政策效果不明显等因素影响，种植面积有所减少，但仍保持在数十余万亩，年均产量60000万公斤。五原小麦不仅籽粒饱满、色泽美观、容重高，而且内在品质优良，受到众多面粉企业的青睐。五原小麦加工生产的面粉，筋度高、口感好、蛋白质含量高，是生产各类面粉的优质原料，“雪花粉”是其代表品牌。目前，全县有面粉加工企业11家，年生产能力30万吨。

## 粮饲兼用的玉米

五原的玉米种植面积在40万亩左右，平均单产880公斤，总产量

河套小麦

可达3.4亿公斤，主要用于制作饲料。五原的玉米品种具有长势旺、产量高、茎秆粗、籽粒匀、抗病强、不早衰、抗倒伏等优点。全县有饲料加工企业5家，年可生产饲料70万吨。

玉米丰收

## 规模化的肉羊养殖

发展肉羊产业是五原调整农村产业结构、增加农民收入的战略举措之一。围绕“扩量、提质、增效、创牌”的发展思路，坚持“政府主导、企业主力、农民主体”的原则，全县肉羊产业呈现出蓬勃发展的态势。

五原建成巴美、力农、渔蒙家等肉羊养殖屠宰加工企业8家，组建专业养殖合作社160余家，培养养殖示范村（组）260个，另有年出栏300只以上的肉羊养殖场有5200个，年出栏2000只以上的肉羊养殖场有52个，年出栏1万只以上的肉羊养殖场有7个，年出栏10万只以上的肉羊养殖场有6个。全县有3.2万户农民加入到肉羊养殖的队伍中。

肉羊养殖蓬勃发展

# 当代风采

HUASHUONEIMENGGUwuyuanxian

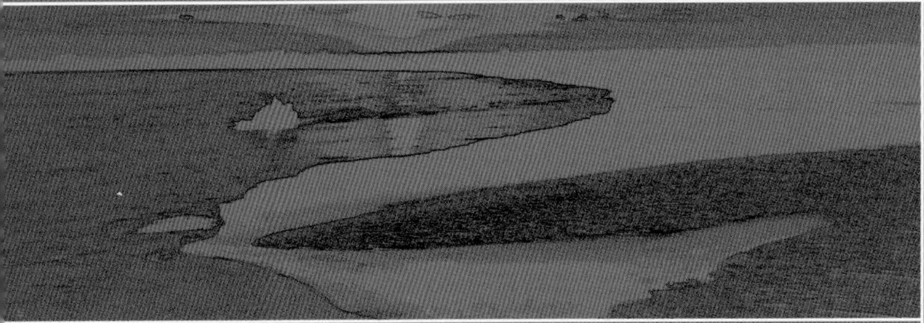

# 当代风采

DANGDAIFENGCAI

改革开放以来，特别是党的十八大以来，五原的城乡面貌日新月异，城乡居民收入显著提高，人民的精神文化生活亦不断丰富。五原，正在成为绿色农畜产品的生产输出基地，成为休闲娱乐的必到之地，成为产业振兴、宜居宜业的理想选择。

## 百业俱进

### 设施种植现代化

围绕农业增效、农民增收这个主题，五原把调整农业内部结构、大力发展设施种植作为推进农业现代化发展的主攻方向，积极构建“一镇一业”“一村一品”的产业格局，使设施种植呈现出由数量扩张向数质并举转变、由分散建设向集中连片转变、由自主经营向规模经营转变的趋势。特别是“灯笼红”香瓜和“五原黄柿子”两个地方特色品种，品质独特、营养丰富，具有较大的知名度和影响力。

目前，全县设施种植面积达到7.6万亩，其中日光温室4万亩、塑

丰收

料大棚3.6万亩，年产值7亿多元，还建有10个高规格、有特色的千亩设施种植园区。万亩现代农业示范园区已成为集绿色产品生产、休闲观光、生态修复、科技创新、科普教育、文化传承、百姓安居等多种功能于一体的综合性示范园区。

### 市场流通多元化

五原政府企业共同发力，建成鸿鼎农贸市场、八里桥农贸批发市场、惠富瓜果蔬菜市场、晏安和桥香瓜市场、活畜交易市场等，使全县农畜产品年成交量突破100万吨。

2014年，三瑞公司投资成立了五原农资大市场葵花籽交易中心，并在天津渤海商品交易所上市，每天上市交易额达1.5亿～2亿元，从而获得了葵花籽的定价权，扩大了五原葵花籽的影响力。小微企业创业园和电子商务经济产业园的电子网络交易平台的建立，使五原农畜产品的流通变得更加便捷。

多种专业市场、两种交易模式，构成了五原较为完善的农畜产品流通体系，而流通环节的减少则降低了运输成本，增强了五原农畜产品的市场竞争力。

### 农畜产品品牌化

提高农畜产品的市场竞争力，质量是基础，品牌是关键。截止到目前，五原获得认证的全国绿色食品原料标准化生产基地有65万亩；“三品一标”产品有84个，其中绿色食品28个，无公害农产品42个，有机食品11个，农产品地理标志产品3个；推出亿宝、其田、心连心、巴美淖尔、三瑞、力农、渔蒙家、玉林、草原领头羊等16个知名度高的品牌。

### 生产过程机械化

五原在推进现代农业发展的进程中，特别重视农机事业，努力提高农业机械化作业水平。截止到目前，全县拥有大中型农机具2.3万台套，各种动力牵引机械总动力100.5万千瓦，从种到收的农业机械化水平达到79.8%以上；农机装备覆盖了农、牧、林、水、渔等多个领域。近几年，五原申请农机专利技术100余项，其中蒙龙公司研发的5XF2—16C型系列比重复式筛选机获全国工商联科技进步奖和自治区科技进步三等奖，轮式可调自走式玉米收获机获得实用新型专利证书。

## 绿满平原

五原有规模的人工造林起步于20世纪40年代。当时，担任农事试验所技正、场长的农学家张立范在屯垦队开展农、牧、林综合试验，在渠沟路畔、房前屋后大面积栽植杨柳，从而开启了大面积人工造林的先河。但在后来的几十年间，受观念、体制、立地条件等多种因素的影响，人工造林的力度不大、速度不快，到2010年，全县森林覆盖率只有10.1%。

2011年以来，五原以打造内蒙古自治区重要的生态屏障和祖国北疆亮丽风景线为目标，坚定“有条件要绿化、没有条件创造条件也要绿化”的决心，全民动手，城乡同步，展开了一场前所未有的、围绕“五环”（环城、环镇、环村、环路、环片）的人工造林攻坚战和持久战。按照县委、县政府“能柳不杨、能密不疏、能宽不窄”和“无裸露土地、无绿化死角”的要求，采取整地换土、拉电打井、铺压管道、选苗栽植、专人管养等措施，栽植各类乔木4600万株，使全县的森林覆盖率提高到15.5%。

从2011年到2016年的六年间，五原人民咬定青山不放松，持续推进造林绿化，取得了令人欣喜的成绩。现在的五原满眼皆绿，处处即景。城在林中，人在景中，花香鸟语，人景相融。走出城外，道路林荫笼罩，农田绿树环绕，村庄绿荫拥抱，庭院百花绽笑。五原人用自己的双手，在2500多平方公里的土地上，绘制出“不是江南胜似江南”的生态画卷。巨大的努力，换来了骄人的成绩，五原先后被评为市林业生态建设突出单位、自治区重点区域绿化先进单位、全国绿化模范单位。

### 通道绿化

五原境内有京藏高速公路、国道110线，有省道212线、五陕公路、五银公路以及多条乡村公路。2012年以来，五原把各级通道绿化摆到突出位置，完成通道绿化里程1200公里，面积达6万余亩。

过境五原的京藏高速有52公里，沿线乡镇现已完成土地租用、换土填沙、整修堰道、平地缩块等土方工程。在此基础上，县林业局统一调拨优质大秆乔木苗，在高速公路两侧实施各百米宽的宽林带造林绿化项目，让过境高速路段成为绿色五原的迎宾大道。

省道212线一级公路五原段全长54公里，南起刘召高速公路出口，北至与乌拉特中旗交界的总排干沟（乌加河），在五原城区形成环路。按照沿路宽林带、交叉点微地型景观规划的要求，设计林带每侧宽30～50米，栽植常规树种、园林树种，打造出一条多树种混交、乔灌草配置的生态景观大道。为确保该绿化工程的生态、景观效果，五原共动用土方130余万方，打深水机井36眼，铺设输水管道90多公里，修建桥、涵、口闸等建筑物400余

黄河之水天上来　杨文致/摄

座。绿化工程施工后，省道212线五原段的绿化效果显著提升，被市委、市政府评为全市十大绿化优质工程。

五陕公路五原段全长51.3公里，设计林带为每侧30米。绿化工程实施以来，沿路各乡镇采取租用土地、抬高树床、取土围堰、埋压管道、换土填沙、机井浇灌等方式，完成土方量42.5万立方米，栽植杨柳木苗57万余株、果树苗3.5万株。在栽植和管养过程中，实行按地段落实责任人制度，确保苗木的成活和生长。

**村屯绿化**

村屯绿化是五原生态建设的重要组成部分。全县有9个乡镇、1个农场、782个村民小组。

按照“村庄绿树环绕，庭院瓜果香飘”的绿化要求，五原实行环村、沿路、庭院、屋后全方位绿化。到目前，全县绿化村屯670个，面积达3.2万亩，实现了设计高标准、栽植高密度、绿化高质量的目标。

在村屯绿化上，五原采取政府引导、村组组织、农户参与的“三位一体”模式。具体做法是：

美丽联星新村

乡镇政府负责规划设计、落实项目资金、租用涉农土地和基础配套建设，村、组两级负责发动群众、处理社会矛盾。通过上下协调、三级联动、多方配合，五原的村屯正在向生活环境园林化、居住条件星级化、配套设施现代化的方向迈进。

### 联星新村绿化

联星新村位于隆兴昌镇西北部，由五星和同联2个行政村的4个自然组组成，有457户、1352人。

按照“农业要强，农村要美、农民要富”的发展要求，联星新村与企业联手，通过集中流转耕地，建设集农民住宅、光伏发电、肉羊养殖、土地规模经营于一体的现代化新农村。截止到目前，联星新村土地规划整理已完成，渠、沟、路、田达到高标准配套，农防林建设按美丽乡村的标准实施，形成林随渠沟路走的“网格化、宽林带绿化格局”。在建设过程中，坚持高标准、严要求，实施苗床换土改造、回填明沙、铺设输水管道、打深水机井的措施，栽植了大秆新疆杨、垂柳、山杏、山桃等经济苗

木，还有各类地被植物。这样的绿化，一改往年村里村外不见树的面貌，一个“农田绿树围成方，防风固沙庄稼旺。村里绿荫闻笑语，花香来自百姓家”的美景逐步实现。

联星新村的绿化由五原县林业局设计，工程建设实行社会招标，苗木选择注重景观效果，市、县、镇三级干部和技术人员现场督查、把关、指导，确保了绿化质量。

## 农田防护林建设

五原是典型的农业大县，大力推进农田防护林建设是确保农业稳产增收的举措，也是建设生态大县的必然选择。近年来，五原采取政策引导、资金扶持、技术支持、全民参与的措施，高标准推进农田防护林建设，累计完成7.8万亩。

在推进农田防护林建设的过程中，五原坚持与中低产田改造、土地整理、渠沟整修、乡村道路建设等相结合，做到“中低产田改造到哪里，农田防护林建设跟进到哪里”，“渠沟整修到哪里，绿化树木栽到哪里”，实现了农田防护林建设与渠、沟、路、田的综合整治同步实施。在造林模式上，坚持宽林带、大网络，着力于主干路和斗渠、农渠、毛渠造林，不断提升农田防护林的建设标准和水平。

为解决农田防护林占地、胁地问题，五原采取给予适当占地补偿、留足林地与耕地隔离带的办法，并组织农户到农田防护林建成区实地参观，激发农民义务参与营造农田防护林的积极性，建立农田防护林建设项目区林木抚育、管护长效机制，实现在农田“看见造林，更看见成林”。

## 国营苗圃

五原县苗圃成立于1947年，坐落在隆兴昌城区西侧，现有育苗地6200亩，有天义成、城关、经济林场和李仓壕四个作业区，主要以大田扦插培育2年以上的大苗为主，承担全县及周边地区人工造林用苗的生产任务。

新中国成立以来，苗圃培育的新疆杨实生苗以其品质纯正、质量良好成为主推品种。近年来，又培育了小美旱、垂柳、榆树、河北杨、桃、杏、杜梨等新品种，不断丰富人工造林的市场需求，在五原及周边地区发挥了苗木培育的基础作用。

为了提升苗木培育的现代化水平，苗圃对各作业区的生产设施、设备进行了更新和改善，建成高效节能育苗温室；配套引进深入机井，实行暗管输水灌溉；对作业区渠道进行节水衬砌，使生产条件得到极大改善，生产效益明显提升。

### 巴美湖湿地

巴美湖位于塔尔湖镇北侧，湖区占地面积673.89公顷，其中湿地面积395.87公顷，湿地率58.75%，2012年成功申报为国家湿地公园。五原先后启动了多项保护措施，完成了水道清理、生态补水、东西湖水道贯通等工程，设立了大型宣传标语牌和监控点，修建了环湖公路，实施了湖区周边和通道绿化。如今，巴美湖周边的湿地环境得到明显改善，生物多样性日益丰富，成为鸟类和野生动物栖息的天堂。

2016年腊月初八这一天，五原举办了首届冬捕节暨第三届河套农耕文化节。活动期间，游客或参与破冰捕鱼，体验传统的渔业生产习俗，或参加年货节、特色餐饮活动，或参加冰上运动会（被称为“冰面上的小型奥运会”），或参观羊文化馆（一座以“羊”为主题的文化艺术展馆，传承和展示了中国的羊文化）。

巴美湖，夏日碧波荡漾，水天一色，百鸟飞翔，是八方游客休闲娱乐的首选；冬日万籁俱寂，冰面溢光，让人有无限遐想。

巴美湖（一）

巴美湖（二）

**天籁湖湿地**

天籁湖位于五原胜丰镇境内，距五原县城19公里。湖区由度假区、湖心岛、观鸟点三部分组成，总面积4500亩，其中水面面积2833亩。

近年来，五原努力打造旅游大县，充分开发利用天然湖泊资源，使沉默已久的天籁湖焕发出青春活力，为各方朋友提供理想的旅游去处。景区入口处建有游船式旅店和

餐厅，湖心岛上200平方米的餐厅亦是游人赏湖光美景、尝特色美食的不二选择。

目前，环湖小道已硬化，道路两侧还栽植了树木花草。湖区北岸是影视拍摄基地，《我叫王土地》就是在这里拍摄的。

## “三农”领域的九大变革

无论是生产领域，还是生活方式，五原的“三农”事业在改革创新中与时俱进。

### 生产条件的变革

土地整治为五原现代农业的发展创造了条件。1988～1995年，全县实施世行贷款项目，整治农田74万亩；1993～2014年，实施中低产田改造114.6万亩；2009～2015年，实施土地整治项目144.96万亩；2013～2015年，实施千亿斤粮食增产工程和高标准农田建设工程15.88万亩。一系列农田建设工程项目的实施，从根本上改变了五原灌排不配套、土地盐碱严重、农田杂乱无章的状况，实现了灌排畅通、节约用水、农田防护和连片经营，农业生产的基础条件得到显著改善。

### 生产工具的变革

在农业连年增产、农民持续增收的基础上，五原生产工具的变革也悄然推进：人工畜力耕作运输逐步被四轮拖拉机取代。目前，五原从种到收的一系列农田作业，逐步由小型机械转变为大型机械。与机械动力相配套的各式农机具，不仅把农民从繁重的体力劳动中解放出来，而且极大地提高了劳动生产率。

## 经营模式的变革

五原的农业经营模式在土地制度、种植结构和组织形式等方面都发生了变革。土地经营管理制度从公社化的大集体，转为家庭联产承包责任制，释放了农村生产活力；种植结构随市场化的推进，完成了一元种植向种养结合到种养加三元结构的转变，延伸了产业链，增加了农民致富的新途径；组织形式则经历了从分散经营到合作化、公社化，再到协作经营方式的转变，提高了农民的市场主体地位。一系列经营模式的变革，为五原农村的经济发展和社会进步开辟了广阔空间。

## 种植品种的变革

通过实施南繁北种、自繁自育、提纯复壮等品种改良工程，五原的农作物品种经历了数量由少到多、品质由低到高、品种性能多样、育种技术提升、育种能力增强和品种利用方式增多六个方面的变革。小麦、玉米、葵花、瓜、菜等主要农作物品种由几个发展到几十个；品种品质更富营养，风味独特，口感更好；品种性能达到数质并举；育种技术实现全面应用现代杂交育种、生物育种；育种能力全面提高，实现了从国外引种到自繁自育的根本性转变；品种利用实现了从直播到育苗、嫁接等先进技术的配套集成。我县农作物良种使用率，从20世纪80年代初的3%上升到目前的95%以上。

## 种植技术的变革

种植技术经历了从单一种植、粗放管理向集约化、标准化生产的转变。随着缓释肥料、专用复合肥料和宽幅地膜的推广应用，生产效率得到极大提高。小麦套玉米、小麦套晚播葵花、瓜菜间作、麦后复种大白菜等技术的应用，不但提高了土地的利用率，而且提高了生产效益，增加了农民收入；设施

农业、信息化等现代集成技术的应用，变一季生产为四季生产，颠覆了传统的种植模式，丰富了市场需求，调剂了生活，增加了收入。

**养殖品种的变革**

五原的畜牧业生产实现了从粗放式、低效益的传统生产方式，向高产、优质、高效、环保、安全的现代畜牧业的转变，即由小农生产向规模化、产业化生产方式的转变。在这个过程中，养殖品种的变革发挥了重要作用。羊的养殖从以毛为主转为以肉为主，猪的养殖从脂肪型转为瘦肉型，牛的养殖从使役乳用转为肉用型。牲畜的良种普及率从20世纪80年代初的33%上升到目前的98%以上。

**养殖技术的变革**

随着市场经济的发展和农村产业结构调整的深化，农民逐步改变了“家有千万，四条腿的不算”的落后观念，畜牧养殖从野外牧放、少量饲养、自给自足的传统饲养方式向圈舍式、规模化转变，并全面普及标准化防疫、多胎多仔繁育、同期发情、胚胎移植等技术，推广

田园诗　段忆河／摄

设施规模圈养、工厂化育肥、全混合日粮饲喂技术、作物秸秆综合利用技术，提高了肉羊的综合生产水平，丰富了群众的膳食结构，拓宽了养殖户的增收渠道。

## 交易方式的变革

过去，农户销售农副产品主要靠“二道贩”上门收购，农民没有定价权，只能被动接受交易，经常出现农畜产品滞销与卖难现象。在市场机制逐步健全和交通、信息渠道越来越畅通的条件下，五原建成了鸿鼎农贸、八里桥农贸等一批综合性、专业化的农产品交易市场，鸿鼎农贸甚至成为葵花价格的形成中心。这些既为全县和周边地区解决了大宗农产品的销售问题，也成就了地方特色产业，提高了五原农产品的知名度和影响力。随着互联网技术的迅速发展，渤海商品交易所五原营业部的上线交易，“云联牧场”“e牧室”等“互联网+”农牧业营销模式得到快速推广，既让农民及时了解了市场需求，获得了产前、产中、产后的全程服务，又促进了农业的规模化、品牌化发展。

## 生活条件的改革

过去农民居住条件较差，住房杂乱无章，柴草乱堆乱放，圈舍脏乱不堪，粪便垃圾遍地……随着国家惠农政策的落实和新农村建设步伐的加快，五原村村修水泥路，清“五堆”，搞绿化，拆危房，建新居。在村容村貌、家居环境改善的基础上，广播、电视、自来水全部入户，医保、低保、社保全覆盖，村里还建起了卫生室、文化活动室、便民超市、幼儿园、文化广

场。农村逐渐成为城里人向往的地方，农民也正在成为新时代人们向往的职业。

街道青花瓷

## 发展蓝图

今后一个时期，五原将按照现代农业的发展思路，围绕壮大县域经济这条主线，打造两个现代农

体育广场一景

河神公园

业综合示范区，建成葵博园、菜博园、羊博园三大生产基地，培育精品瓜菜、优质粮食、休闲农业、规模养殖四条产业带，做大做强粮食、葵花、瓜菜、肉羊、物流五大产业。

坚持可持续发展。突出基本农田和产业基地建设，力争到2020年年底，高标准配套农田达到230万亩，其中绿色食品生产基地面积达到160万亩。依法推进农牧业机械化，使全县农机总动力达到120万千瓦，种植业综合机械化水平达到95%，畜牧业综合机械化水平达到

十里画卷 杨文致／摄

80%。加强农牧业科技推广应用，使农作物和肉羊养殖良种率均达到98%，化学农药用量下降20%，有机肥使用率达到70%。

坚持产业化经营。依托生产、流通、加工企业，建设5个“一村一品”特色村镇，培育500个高标准专业合作组织、800个家庭农牧场、3500个种养专业大户，扶持100家农畜产品加工企业，建成500个美丽村庄和500个“农家乐”。到2020年年底，力争全县“三品一标”数量达到100个；生产、流通、加工龙头企业发展到60家，其中自治区级20家，国家级5家。

坚持市场化运作。整合产品，实行生产、质量、宣传、策划、包装“五统一”，打造小麦、玉米、葵花、瓜菜、肉羊为主的绿色、健康、安全的15个知名品牌。整合力量，建好农产品和畜产品“两个交易中心”，升级电子商务和现代物流“两个平台”，形成市场集聚、网络化交易、现代物流多样化流通的格局。

坚持产业融合。要大力挖掘旅游文化资源，充分利用五原的历史文化和传统农耕文化，积极打造万亩菜博园、葵博园、羊博园和沿黄休闲农业经济带，形成集观光、采摘、休闲为一体的现代农业和旅游产业带，将农业与旅游文化相融合，促进“三产”健康协调发展。

到2020年，力争成为国家级现代农牧业综合示范区；粮食面积稳定在80万亩，葵花面积保持在100万亩，设施农业种植面积达到30万亩；肉羊饲养量达到600万只，年出栏350万只，商品量达到8万吨；农

民人均可支配收入跻身自治区十强县行列。

五原深入学习贯彻习近平新时代中国特色社会主义思想和关于内蒙古重要讲话重要指示精神，坚持“四个全面”总体布局和新发展理念，认真贯彻自治区“五化”同步发展和市委“绿色崛起、赛过江南”发展思路，秉承“绿色发展、民生至上、务实干事、创先争优”发展理念，围绕大党建引领县域经济大发展这条主线，争创城乡一体化发展水平、基本公共服务水平两大目标全市领先，争当绿色农畜产品生产加工输出基地、全域农耕文化乡村旅游基地两个自治区排头兵，攻克农民增收、农畜产品加工业、棚户区改造三大难点，抓好肉羊养殖、设施农业、葵花产业、电子商务、乡村旅游、现代物流六大产业，实现项目争取引进、新农村建设、“农”字号龙头企业、新型农业经营主体、“七小”特色产业、“水、绿、文化”、脱贫攻坚、干部作风建设八大突破，更加注重深化改革，更加注重依法治县，更加注重改善民生，努力建设富裕、文明、绿色、幸福的新五原。

围绕上述目标，五原重点做好以下工作。

（一）突出绿色发展，在做优农业上谱写新篇章。加大农业供给侧结构性改革力度，促进农牧结合、种养结合、农企结合，坚持走绿色特色发展之路，积极创建国家农产品质量安全县，全面推进农牧业现代化。

一是强化基础保障。落实“藏粮于地、藏粮于技”战略，实施土地整治、高标准农田、小型农田水利等项目37.3万亩，启动新一轮农田配套提标和排水设施改造工程，完成改盐增粮10万亩、高效节水1.9万

多彩河套　米德格桑／摄

亩。推进“全域绿化”工程，新增造林4.2万亩，完成村屯绿化230个、通道绿化230公里、农田防护林建设1.2万亩，鼓励发展多种形式的庭院经济；坚持精细化、精致化、精品化原则，实施机场周边绿化1万亩，全力打造森林机场；加强森林防火和林木抚育管理，持续打好天牛防治攻坚战。规范运行现代农牧业服务中心，完善九大服务体系，强化农牧业执法建设，启用应急减灾平台。加强质量安全监管和全程可追溯体系建设，力争“河套灌区一首制自流灌溉系统”五原核心区入选国家重要农业文化遗产名录。开工建设包银高铁五原段、刘召黄河大桥工程，完成省道311线五原段、县道美林至银定图段建设项目。优化电网结构，推进机井通电和农村电网改造工程。

二是壮大特色产业。以农民增收为目标，以园区化引领产业发展，以特色化激发产业活力，打好绿色牌，走好特色路，当好排头兵。推进设施农业多元化。提升菜博园内涵，万亩现代农业园区温室全部建成启用，实现“农科文旅”深度融合，全力提高国家农业科技园区建设水平，形成“一区多园”发展格局，实现园区经济与县域经济协同发展，重点打造农业生态馆、光伏电站、生态草原和农业生态大数据平台，提升科技支撑能力，力争创建国家农业高新技术产业示范区。引进企业发展规模化、订单化设施农业，加快建设蔬菜直销和零售体验店，打响五原黄柿子、“灯笼红”香瓜、其田火龙果等知名品牌，推动设施农业由“生产导向”向“消费导向”转变，带动全县温室大棚建设达到7.9万亩。推进肉羊养殖精细化。推进以种促养、种养结合，支持内蒙古青青草原科研中心、养殖基地、饲料加工、有机肥生产、肉羊分割全产业链发展，整合16家闲置养殖场，建成整村推进示范组30个，力争年出栏肉羊30万只，年销售额突破3亿元，争取早日上市。加快羊博园建设，支持巴美全产业链延伸，建成生态牧场、活羊博物馆和巴美肉羊品质检测中心。支持内蒙古力农集团发展云联牧场，打造肉羊互联网养殖新模式，整合5家养殖企业，建成百万只肉羊生产联合体。支持肉羊做大规模，建设10万只“放母收羔”养殖基地。支持渔蒙家、宏泰、天龙等养殖场提质增效、多元发展。支持农户科学饲养、精细化管理，提高秸秆转化利用率，力争全县肉羊饲养总量达到510万只。高度重视动物疫病防控，确保养殖业持续健康发展。推进葵花产业一体化。推动葵博园上档升级，增强向日葵技术研究院核心竞争力，提升葵花种子交易市场带动力，扩大“五原向日葵”品牌影响力，规范运行向日葵产业联合会，创建中国向日葵产业示范基地，引导现有58户加工企业形成联合体，构建形成种子研发、基地种植、市场销售、精深加工、金融助贷全产业链条，建成全国最大的葵花产业“航母”。推进本土产业特色化。围绕小杂果、小杂粮、小瓜菜、小菜籽、小家禽、小食品、珍稀养殖“七小”特色产业，加快培育土鸡蛋、旱酥梨、石磨面、农村猪、红腌菜等10个拳头知名品牌，建成20个特色产业示范村，新增水产养殖面积1万亩，争创全国渔业健康养殖示范县。以扶持发展壮大村集体经济试点县为契机，支持建设村级特色小市场，构建“村集体经济+

七小产品+合作组织+农村电商+专业市场”的利益分享模式，充分挖掘农村市场潜力，实现产业增效、农民增收与村集体经济增长同步提升。推进种养结构调整。坚持减葵花、增粮食、增特色、增牧草“一减三增”原则，大力推行绿色蔬菜、小麦等连片种植，全面推广改粮增饲、科学套种和麦后复种，建成荣誉有机现代农业科技示范园、晏安和桥村一村一品（“灯笼红”香瓜）特色产业园。突出“农牧结合、多元发展”，推进中储草业苋草种植、金草原肉牛养殖项目，适度发展肉牛、肉猪、肉驴、蛋鸡等家庭养殖户，加快建成一批特色养殖村。推行品牌农业战略，打造绿色有机农业、观光农业、体验农业、科普农业，推动一二三产有机融合。

三是培育新型农业经营主体和服务主体。深入推行合作组织“五星级”管理，培育市级以上合作社12个、家庭农牧场46个，推进土地出租、托管、入股等多种形式的适度规模经营，提升农民组织化程度。改进科技培训模式，发挥“三区人才”和本土农技人员力量，针对群众需求，完成“现场+理论”特色种养殖培训10万人次，培育新型职业农民。加大新品种、新技术、新机具推广力度。鼓励新型经营主体探索推行种植、养殖、林木“认养模式”，打造绿色田园经济。

（二）突出创新驱动，在做强工业上取得新突破。工业是加快发展的支柱，必须要做大农畜产品加工产业，壮大实体经济，促进工农一体化发展，推进五原新型工业化进程。

光伏小镇——联星新村

夕阳西下时　黄洪峰／摄

一是加快项目建设。大力实施“创新驱动”发展战略，如期完成9个献礼项目，加快推进94个投资支撑项目建设，力促天津凯森生物质热电联产、青青草原饲料、兆丰粮食储备加工、禹辰葵花板材、比特大陆云计算二期、华颐乐乳业、沃丰生物等项目投产运营，力促河北长力、中储草业、华辰生物等项目开工建设，力促新兴际华分布式天然气、广东众生药业、深圳前海中加、珠海惠东垃圾处理等项目签约落地，形成产业发展新集群；支持“农”字号龙头企业技改创新，推动巴美肉羊、轩达葵花、双福面业等企业转型升级，实现上下游产业链协作配套。深入推进“项目争取年”活动，紧紧围绕国投项目，全面对接自治区“七网”建设，认真落实重大项目三年滚动计划，做实储备库，把牢主动权，实现争取项目自身同比和全市占比两个跃升。开展质量提升行动，大力发扬工匠精神，增强金麦机械等企业核心竞争力。加快大众创业、万众创新步伐，推进支持农民工等人员返乡创业试点工作，发展普惠金融和“助保贷”业务，争取落实多边电价、正税清费等扶持政策，降低企业用能成本、物流成本，保障企业稳定生产。坚持绿色、低碳、循环发展，探索建立行业准入负面清单制度和中小企业名录，严守环保底线，全面完成节能减排任务。

二是注重园区提升。围绕产业先行、配套延伸、管理升级、服务优化，完善园区编制规划，加强园区基础配套，做大工业发展平台，争取晋升为自治区级园区，力促工业园区纳入《国家开发区审核公告目录》。完善小微企业和大学生创业就业园配套设施，实现百企入园、三千人就业，创建全区一流的创业就业孵化基地。做大电子商务产业园，大力发展互联网“云仓”体系建设，建成蒙西快递物流分拨中心，加强与内蒙古财经大学、河套学院产学研结合，着力打造一批众创、众筹、众包平台。启用农机装备制造产业园，引进金麦机械、力源机电、承德亚欧、鞍山佳朋等12户有核心竞争力的企业入驻，形成以农机研发、生产制造、配件供应为一体的产业集群。

三是强化招商引资。树立“全域招商”理念，大力发扬“盯、关、跟”精神，积极融入宁蒙陕甘经济区、呼包银榆经济区、沿黄经济带，重点围绕农畜产品加工业，引进一批投资规模大、带动能力强、产业关联度高的龙头企业，延伸产业链，提升附加值，实现农畜产品加工业高端化、标准化和可追溯。完善并创新招商引资方式，大力开展会展招商、精准招商、以商招商、委托招商、产业链招商，力争引进千万元以上项目15个、到位资金26亿元。探索招商项目退出机制，以清促用、以清促建，确保土地等要素资源有效利用，盘存量、扩增量、提质量、上总量。大力优化营商环境，积极构建“亲”“清”新型政商关系，千方百计为企业解决困难、提供服务，力争让更多更好更大的企业落户五原。

（三）突出特色品牌，在做活三产上迈出新步伐。把三产作为强有力的经济增长点，打造地方特色，突出区域品牌，带动城乡就业。

一是壮大文化旅游业。坚持“全域旅游、四季旅游”，实施“旅游+”行动，丰富提升河套农耕博览苑内涵，全面建成五原抗日纪念园、农博苑互动体验主题乐园，加快推动宇鑫温泉水世界海洋馆、万宇会步行街建设，积极促进羊博园与拉僧庙互联共建，发展红色文化观光游、民俗特色风情游、对蒙边境体验游，深度开发河套美食、体育健身、自驾营地、温泉度假、特色商品等精品项目，办好乡村旅游节、河灯文化节、年猪文化节、冰雪文化节等系列活动，打响河套农耕文化品牌。助推河套农博苑争创AAAA级景区，王善村、联丰村等村庄创建“全国乡村旅游创客示范基地”。推进全国乡村旅游扶贫重点村建设，争取列入自治区全域旅游创建县。

二是构建区域大数据。借力自治区列入国家大数据综合试验区契机，推进“大数据”战略行动，规划建设五原县大数据平台，构建新型智慧城市框架，提升“互联网+政务服务”功能，实现平台共建、资源共享。加快“智慧五原”建设，适时启动电子政务云、电子商务云、安全生产云、智慧旅游云等建设工程，不断提高信息化水平，促进政府治理能力提升、产业融合发展。推进“互联网+”行动，积极引导企业通过电子商务改造传统产业，大力发展农村电子商务产业，实施“光纤网络”和“快递网点”全覆盖工程，优化“河套购”产业平台、“河套宝”支付平台、“河套云”数据平台、“供销e家”服务平台，打造“河套五原农耕”县域公共品牌，扩大微商、淘宝、直播等线上推广渠道，全力发展跨境电商业务，推动名优特农畜产品进军全国、全球市场，争取电商零售额突破3亿元大关，步入全国电商第一梯队。

夕阳下的冬捕 柳志福／摄

三是提升现代物流业。实施“互联网+流通”行动计划，打造葵花、瓜菜、汽车、铁路、家居建材五大物流平台，完善五大综合物流市场。拓展八里桥农贸市场功能，建成蔬菜、调料、花卉、农资等综合性批发和冷链物流市场，力争纳入全国供销农产品合作批发体系；完善鸿鼎农贸市场建设，形成筛选区、商务区、种子研发区“三区”格局；推进汽贸家居建材城划行归市、启动运营；提高巴运物流

园区经营能力，形成汽修、检测、货运、冷链物流中心；加大空港、铁路货运吞吐量，规划建设仓储物流和第三方物流，全面提升现代物流业发展水平。配套完善物流等各项服务功能，引进整合快递物流企业，实现物流降费提效，推进配送中心和便民连锁超市提档升级，构建新农村现代流通网络。

（四）突出统筹城乡，在做美城乡上展现新面貌。坚持“水、绿、文化”一体化建设，城市建设、城市管理、城市繁荣“三城统筹”，打造国家级生态宜居县城。

一是加快建设宜居县城。健全县域空间规划体系，统筹推进园林城市、智慧城市、海绵城市建设，促进“多规融合”，实现生产、生活、生态相融，城镇化率达到51%。坚持“房子是用来住的、不是用来炒的”建设定位，将政府与企业、完善与拓展、建设与拆迁相统筹，争取棚改贷款4亿~5亿元，大规模推进棚户区改造，依法征收房屋1100户14.3万平方米，促进房地产市场平稳健康发展。坚持新区建设与旧城改造联动，加大西区开发力度，建成启用李氏骨科医院、职工之家、社区服务中心等公共服务工程，促进“三馆一院一中心”投入运营。加快推进景观式、园艺式绿化，新增园林绿地675亩，城区人均绿地达到53.7平方米。扩大城区亮化，改善节点景观，提升城市品位，打造特色城市，承办自治区生态宜居县城现场会。

二是营造舒适城乡环境。坚

多彩古郡——五原新貌

持建设全域水系，加强湿地恢复保护，构建内外联通、河湖一体的城乡生态水网，新增生态水面5万亩，打造“百湖千河万湿地”，展现塞上水城魅力。深入开展城市环境综合整治，巩固提升“五城同创”成果，加快推进城区停车场、小广场建设项目，努力让街道更净、环境更美、通行更顺、城市更靓。全面推进老旧小区改造，重点完成7个老旧小区整治和9.4万平方米建筑节能改造工程。继续完善城区供暖供水

基础设施，切实解决好产权办证、回迁安置等问题，实现管理网格化、智慧化和人性化。完成城区生活垃圾无害化处理和污水处理厂扩容改造项目，启动城区生活垃圾资源化处理项目，全面淘汰10蒸吨以下燃煤小锅炉，完成1.4万户平房区居民燃煤炉具节能改造项目，持续改善城市环境质量。

三是抓好新农村建设。常态化推进782个村民小组“437”长效管理机制，大力实施“十位一体”农村综合治理，完成13个移民新村污水处理厂、3个乡镇垃圾填埋厂、8个集镇污水处理项目，实现环境管理持久化、整洁化，争创全国农村环境连片整治示范县。加大农村社区建设力度，新建农村社区32个，争创全国农村社区建设示范县。全面加强村务管理，推行失信村民档案建立及运用，大力度解决水费收缴难题；充分发挥村监委会主任作用，大力推进村务公开；建立村组干部后备人才库，逐步解决“后继乏人”问题。充分调动巾帼志愿服务队、“两老”代表力量，深入开展“美丽庭院”“敬老孝星”“精巴媳妇”等创评活动，实现“物的新农村”和“人的新农村”建设齐头并进。

（五）突出民生至上，在做实民生上再上新水平。牢固树立以人民为中心的理念，全力保障民生，倾力改善民生，让全县人民过上更加幸福的生活。

一是全力优化公共服务。把脱贫攻坚作为最大的政治任务和民生工程来抓，认真落实“五个一批、六个精准”要求，持续打好脱贫攻坚战，构建外部多元扶贫与内部自我脱贫的互动机制，确保贫困人口全部脱贫，巩固精准脱贫成果。优先发展教育事业，突出抓好“义务教育发展基本均衡县”和“责任督学挂牌督导创新县”工程验收，启

古郡暮色

动第一中学迁建工程，完成第二小学搬迁、职业中学实训基地建设，实现县幼儿园新园、沅梦幼儿园如期开学，真正办好群众满意的教育。大力推进“健康五原”、全民健身、全民养生，加快实施县医院升级搬迁、医养院新建工程，深化重点学科和专科专病合作，加强医

疗卫生人才队伍建设，创建自治区医养结合示范县、卫生应急规范县、慢性病防治示范县。大力实施文化惠民工程，持续扩大城乡文化“五有”覆盖面，持续推进全民健身活动覆盖面，实施电视地面数字改造工程，实现地方台全域免费收看，创建河套民歌之乡、中华诗词之乡和社会主义核心价值观示范县。全面加强新形势下民族工作，完善24个少数民族村组建设，大力抓好城市民族工作，全面启动全国民族团结进步示范县创建工作。全面优化人才结构，加大引进紧缺人才、考录公务员、政府购买服务性岗位，盘活存量，缓解行政事业单位人员结构矛盾。完善覆盖城乡的社会保障体系，城乡低保、五保户供养等指标达到或超过自治区标准，落实好困难家庭大学生1万元助学金、城镇零就业家庭1人就业政策。切实做好双拥工作。启动养老产业园建设，建成12个农村互助幸福院，推进养老、慈善等公共保

村民活动室

障。加强困境儿童救助。兑现残疾人福利补贴政策。确保不让一名学生因贫上不起学，确保不让一名群众因贫看不起病，确保不让一户群众因贫住不上房，确保每一名老人都能安享晚年，确保各类政策性补

丰收在望　史学军／摄

助资金按时足额发放。

二是倾力办好民生实事。始终把民生放在心上抓在手上，努力办好“十件民生实事”。①新农村建设永远在路上，坚持“缺什么、补什么，差什么、建什么”，全面抓好新农村建设工程，确保不漏一村一户，不留死角、不留遗憾。②下决心解决物业管理难题，继续引进有实力的物业公司，积极推进物业管理改革，注重发挥城管法庭和业主委员会作用，加大物业费清欠力度，打造6个物业服务示范小区，提升物业服务水平。③建成启用城区自来水厂二期工程，将部分乡镇纳入供水范围，实施402个村组3.5万农户水表入户工程，从根本上缓解人畜饮水困难问题。④加快推进城区平房区“十位一体”建设，新建市政道路21条（段）、巷道115条、水冲公厕34座，彻底消灭城区公用旱厕。⑤启动运营河套特色食品产业园，建成食品安全检验检测室和食品安全电子监管指挥中心，保障老百姓“舌尖上的安全”。⑥实施通村公路和街巷硬化300公里，打通所有通村断头路。⑦新建公园3处，组成义和渠带状公园，打造500米健身圈。⑧启用便民集贸菜市场和农民工创业就业服务中心，让居民享受到更便捷的服务。⑨完成妇幼保健院、骨科医院搬迁，实施2所卫生院的标准化改造工程。⑩进一步提高大病二次救助、家庭病床救助范围和标准，最大限度帮助困难群众渡过难关。

三是全力创新社会治理。高度重视安全生产工作，严格落实安全生产“六个一”工作制度，充实完善安全隐患数据库、安全监管专家人才库，全力推进“打非治违”专项行动，坚决推进安全隐患大排查，坚决落实安全隐患大整治，坚决防止重特大安全事故发生。全面加强食品药品安全，严格落实“四个最严”要求，强化食品药品安全风险和全过程监管，保障公众身体健康和生命安全。全面推行“三化四全五确保”和“三联六调、司

法确认”机制，努力实现小事不出村、大事不出镇、矛盾不上交，深化落实“网格化+”社会治理模式。健全立体化治安防控网络，加快建设群防群治队伍，创新推广武装巡逻、动中备勤、网格化巡控等警务模式，构建县域大平安工作格局，争创自治区全国平安大县，提高群众的安全感和满意度。启动“七五”普法教育，全面推进司法为民和公正司法，全方位加强执行规范化建设，大力开展矛盾纠纷多

五原县蒙古族中学

元化解工作，打通法治渠道解决群众诉求的“最后一公里”，争创自治区全国法治建设示范县，努力让群众感受到司法的公平正义。

（六）突出重点领域，在做深改革上取得新成效。坚持问题导向，强化责任担当，不断提高改革精准化、精细化水平，推动重点领域改革落地生根。

一是抓好习近平总书记嘱托的

河套大场面 梁建军／摄

三项重点改革。健全农企利益联结机制，通过保护价格收购、加工利润返还等方式，让更多农民共享产业化成果。推进生态文明建设，健全自然资源资产管理制度，加大水

源地保护力度，大力推广控肥增效举措，保护好生态资源。深化对蒙合作，借助甘其毛都口岸促进对蒙贸易互联互通。

二是抓好重点领域和关键环节改革。深化供给侧结构性改革，全面落实“三去一降一补”五大重点任务，消化商品房库存31万平方米，提高全要素生产率。深化行政体制改革，加大“放管服”力度，构建以信用为核心的市场监管体制，全面实现“五证合一、一照一码”。深化农村改革，全面完成土地承包经营权确权登记颁证工作，推进“三权分离”和农村集体产权抵押贷款工作，让农民资产活起来。深化教育体制改革，继续实行“阳光分班”，推动城乡教育资源均衡配置。实行统一的城乡居民医疗保险制度，推进医药、医保、医疗“三医联动”，促进全民医保体系健康发展。深化行政审批制度改革，推进政务服务中心和公共资源交易中心标准化建设，积极推广并联审批和网上审批，让信息多跑路、让群众少跑腿。

三是抓好试点改革和自主探索改革。加快巴美湖国家湿地公园试点建设，实现八湖连通、水域一体。推进自治区众创空间试点改革，完善小微企业和大学生创业园

花海崛起　杨文致／摄

建设，引进更多的小微企业入驻投产。深化县级公立医院和基层卫生综合改革，启动民办公助、公办民用办医改革，加快实施分级诊疗和双向转诊制度，继续推进家庭医生签约服务，实现“小病不出村、大

病不出县”。深化综合行政执法试点改革，切实解决执法力量分散、多头执法、重复执法等现象，提高基层执法效能。

（七）突出依法行政，在做好服务上形成新常态。

欣欣向荣　贺红艳／摄

金色大地　杨文致／摄

一是建设法治政府。严格遵守党的政治纪律和政治规矩，不断增强“四个意识”。坚持依法行政、依法执政，全面落实“双随机一公开”制度，认真执行政府工作规则和议事规则，“三重一大”事项全部集体研究，切实做到依法决策、科学决策、民主决策。

二是建设高效政府。积极开展“效率提升年”活动，大力倡导马上办、主动办、上门办、公开办、灵活办的“五办”作风，完善县镇村组四级便民服务网络，让人民群众和企业在每项政务服务中都能感受到高效便捷。善于把精神和决策落到工作实处，善于把监督化为工作动力，善于把人民群众的期盼作为工作宗旨，尽心尽力推动各项工作，以实实在在的业绩赢得人民群众的信赖和支持。

三是建设廉洁政府。深入学习贯彻十八届六中全会精神，从严落实中央“八项规定”，严控“三公”经费和一般性支出，认真执行国务院“约法三章”。认真落实“两个责任”，强化“一岗双责”和“一案双查”，规范廉洁从政行为；坚持纪在法前、纪严于法，用好监督执纪“四种形态”，把纪律和规矩挺在前面，使纪律真正成为“带电的高压线”。坚持用制度管权管事管人，努力实现干部清正、政府清廉、政治清明。

# 历代诗词

HUASHUONEIMENGGUwuyuanxian

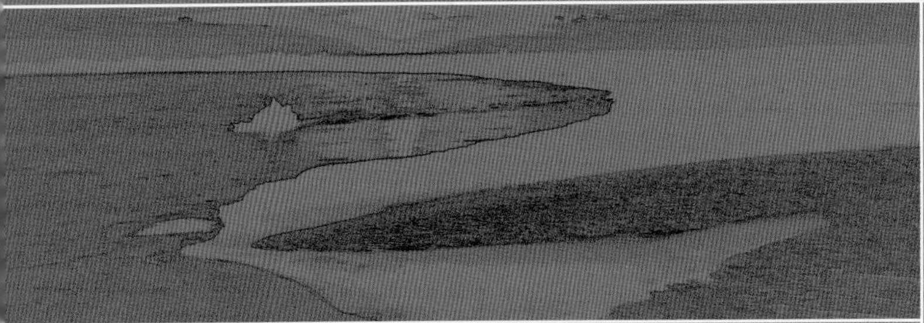

# 历代诗词

L I D A I S H I C I

千年古郡，魅力五原。自秦汉以来，这片沃野上就有汉匈的争逐，农耕文化的足迹，文人墨客亦昂首凝思，泼墨挥诗，留下了诸多杰作。

## 从军行

南北朝　卢思道

朔方烽火照甘泉，
长安飞将出祁连。
犀渠玉剑良家子，
白马金羁侠少年。
平明偃月屯右地，
薄暮鱼丽逐左贤。
谷中石虎经衔箭，
山上金人曾祭天。
天涯一去无穷已，
蓟门迢递三千里。
朝见马岭黄沙合，
夕望龙城阵云起。
庭中奇树已堪攀，
塞外征人殊未还。
白雪初下天山外，
浮云直向五原间。
关山万里不可越，
谁能坐对芳菲月。
流水本自断人肠，
坚冰旧来伤马骨。
边庭节物与华异，
冬霰秋霜春不歇。
长风萧萧渡水来，
归雁连连映天没。
从军行，
军行万里出龙庭。
单于渭桥今已拜，
将军何处觅功名。

## 塞上曲

唐　李白

大汉无中策，匈奴犯渭桥。
五原秋草绿，胡马一何骄。
命将征西极，横行阴山侧。
燕支落汉家，妇女无华色。
转战渡黄河，休兵乐事多。
萧条清万里，瀚海寂无波。

## 再赴渭北使府留别

唐 李益

结发逐鸣鼙，连兵追谷蠡。
山川搜伏虏，铠甲被重犀。
胡府旌旗在，新军羽校齐。
报恩身未死，识路马还嘶。
列嶂高烽举，当营太白低。
平戎七尺剑，封检一丸泥。
截海取蒲类，跑泉饮鹛鹈。
汉庭中选重，更事五原西。

## 发白马

唐 李白

将军发白马，旌节渡黄河。
箫鼓聒川岳，沧溟涌涛波。
武安有振瓦，易水无寒歌。
铁骑若雪山，饮流涸滹沱。
扬兵猎月窟，转战略朝那。
倚剑登燕然，边烽列嵯峨。
萧条万里外，耕作五原多。
一扫清大漠，包虎戢金戈。

## 千里思

唐 李白

李陵没胡沙，苏武还汉家。
迢迢五原关，朔雪乱边花。
一去隔绝国，思归但长嗟。
鸿雁向西北，因书报天涯。

## 边 词

唐 张敬忠

五原春色旧来迟，
二月垂杨未挂丝。
即今河畔冰开日，
正是长安花落时。

## 出塞曲

唐 贾至

万里平沙一聚尘，
南飞羽檄北来人。
传道五原烽火急，
单于昨夜寇新秦。

## 庆清朝·天启重光

宋 李廷忠

天启重光，
地钟上瑞，
有人起自东山。
当年谢傅，
几曾鹤发貂冠。
不似文章隽老，
重来鸣步斗枢间。
洪钧转，
五原草绿，
太白兵闲。
运庆今朝初度，
正日添纹线，
月挂冰盘。
恩重御壶宣劝，
喜溢天颜。

听取沙堤好语，
金科红篆押千官。
春长在，
调元鼎里，
不假还丹。

## 随边使过五原

唐　储嗣宗

偶逐星车犯虏尘，
故乡常恐到无因。
五原西去阳关废，
日漫平沙不见人。

## 五原塞上款

宋　岳珂

五原塞上款呼韩，
春草新迷拜将坛。
从此车书三万里，
边臣日日奏平安。

## 五原署中漫兴

清　孟述绪

新霁晴岗爽，砧声起暮邻。
花香风送客，院静鸟依人。
寂夜分清月，深檐虚旧尘。
迢迢更漏至，唳雁过重闉。

## 清代碑文

清　金运昌

总统五千兵，纵横万里路。
荡平金积堡，调防紫径驻。
忽逢重九日，登高于此处。
只有蒙古包，不见村和树。

## 五原道中

民国　冯曦

不溯雄藩盛汉唐，
翻言地利辟蒙疆。
黏天草色随秋老，
映日河光共麦黄。
雨湿马蹄嗟路远，
道穿柽柳觉风凉。
受降遍访今何处，
里巷仅知杨六郎。

# 后　记

经过数月的努力，《话说内蒙古·五原县》终于付梓了。

去年秋天，领导们考虑让我主笔撰稿，但因手头资料有限，时间紧迫，加之能力不及，所以犹豫再三，未担此重任。后我反复掂量，感动于组织的信任，便揽下了这件“瓷器活儿”。从那时起，我苦心钻研，广寻资料，伏案疾书，草就了文稿。这个过程，成为我思想和精神升华的过程。我为五原久远的历史、深厚的文化积淀、辉煌的发展前景而陶醉。五原是一片充满神奇色彩的土地，她有着让我们引以为傲的过去，有着自强不息、拼搏进取的今天，更有着追逐和实现伟大中国梦的美好明天。

在五原县委、县政府的关心和支持下，在县委宣传部的直接领导下，这本介绍五原的读物得以呈现在读者的面前。在此期间，县委宣传部有关领导在百忙之中，对文章进行修改，并完成了图片的选取工作。在此，致以深深的谢意。

受写作水平和能力所限，本书内容不够全面，故事性、趣味性也稍显不足，达不到读者所期盼的要求。所以，在这里恳请专家和各方人士批评指正。

编　者

2020年7月